# 品牌危机
## 对国货偏好与新产品采纳的影响

王夏 著

首都经济贸易大学出版社
Capital University of Economics and Business Press
·北京·

图书在版编目（CIP）数据

品牌危机对国货偏好与新产品采纳的影响 / 王夏著.
北京 : 首都经济贸易大学出版社, 2025. 6. -- ISBN
978-7-5638-3902-5

Ⅰ. F279.23

中国国家版本馆 CIP 数据核字第 20258YA706 号

品牌危机对国货偏好与新产品采纳的影响
PINPAI WEIJI DUI GUOHUO PIANHAO YU
XINCHANPIN CAINA DE YINGXIANG
王　夏　著

| | |
|---|---|
| 责任编辑 | 佟周红 |
| 封面设计 | 砚祥志远·激光照排　TEL: 010-65976003 |
| 出版发行 | 首都经济贸易大学出版社 |
| 地　　址 | 北京市朝阳区红庙（邮编 100026） |
| 电　　话 | （010）65976483　65065761　65071505（传真） |
| 网　　址 | https://sjmcb.cueb.edu.cn |
| 经　　销 | 全国新华书店 |
| 照　　排 | 北京砚祥志远激光照排技术有限公司 |
| 印　　刷 | 北京九州迅驰传媒文化有限公司 |
| 成品尺寸 | 170 毫米×240 毫米　1/16 |
| 字　　数 | 218 千字 |
| 印　　张 | 14.75 |
| 版　　次 | 2025 年 6 月第 1 版 |
| 印　　次 | 2025 年 6 月第 1 次印刷 |
| 书　　号 | ISBN 978-7-5638-3902-5 |
| 定　　价 | 52.00 元 |

图书印装若有质量问题，本社负责调换
版权所有　侵权必究

# 前　言

随着全球化的深入和信息技术的迅猛发展，品牌危机事件的传播速度加快，消费者对品牌的认知与态度也随之发生变化。品牌危机不仅影响涉事企业的声誉与市场表现，还可能对同行竞争品牌及整个行业产生深远影响。

本书先系统梳理了品牌危机的相关研究，基于现有研究的薄弱之处，本研究的第一模块（上篇内容）旨在深入探讨品牌危机事件尤其是外国品牌危机事件对消费者国货偏好的影响，并设计了多项实验以验证假设。实验结果显示，本国品牌危机事件会对其他本土品牌产生传染效应，即对消费者国货购买意愿产生负向影响；而外国品牌危机事件则会对本土品牌产生对比效应，即对消费者国货购买意愿产生正向影响。这是由于当消费者感知到来自外群体（外国品牌）的威胁时，对内群体（国产品牌）的认同感增强，进而提升对国产品牌的支持度。在此基础上，进一步探讨了外国品牌危机事件类型对消费者国货购买意愿的影响，结果表明，相较于能力主导型危机，外国品牌发生的道德主导型危机事件会令消费者产生更强的群际威胁感知，从而对其国货购买意愿具有更显著的正向影响。在边界条件方面，本研究发现，外国品牌危机事件及其类型对消费者国货偏好的影响主要受品牌来源国形象以及危机事件严重性的制约。

本书的第二模块（下篇内容）聚焦探讨品牌危机的纵向溢出效应，即企业曾经发生的品牌危机事件对其后续新产品推广的潜在溢出效应以及危机发生后涉事企业推出哪种类型的新产品更有助于规避此种溢出效应并提升消费者采纳意愿。一系列消费行为实验的研究结果表明，在品牌危机事件后，相对于涉事品牌推出的渐进型新产品，消费者对其推出的突破型新产品采纳意愿更高。研究同时揭示了这一影响效应潜在的心理作用机制，即涉事品牌新产品类型通过感知相似性与感知风险的链式中介作用进而对消费者采纳意愿产生影响。此外，品牌危机后新产品类型对消费者采纳意愿的影响作用还

会受到危机事件相关因素（危机事件归因、危机应对策略）、消费者特质因素（解释水平）以及新产品相关因素（产品外观新颖性、陈列方式）的制约。

  本研究仍然存在一些不足之处，但笔者相信，这一系列实证研究及其结论不仅有助于在理论层面拓展有关品牌危机溢出效应影响作用、影响因素及产生机制的现有认知，而且能够为品牌尤其是国产品牌预判及应对外部危机事件的溢出效应提供新的视角与启示，此外，本书也能够为品牌有危机史且正在寻求"破局"的企业提供有价值的参考。

  特别感谢国家自然科学基金青年项目（项目名称：品牌来源国形象对品牌负面事件溢出效应的影响及其心理作用机制研究，项目号：71902122）的资助，感谢首都经济贸易大学工商管理学院对青年教师成长的重视与引导以及同事们的鼓励帮助，感谢我的研究生郭文静、石芸歌在研究过程中协助搜集梳理文献以及实验数据分析工作，感谢我的家人一直以来给予我的支持与关爱！

王夏

2024 年 12 月

# 目　录

## 上篇：品牌危机对消费者国货偏好的影响

1 绪论（上篇） ················································· 3
   1.1 研究背景 ············································· 5
   1.2 研究价值 ············································· 7
   1.3 研究方法 ············································· 8

2 品牌危机研究现状与述评 ································· 11
   2.1 品牌危机 ············································ 13
   2.2 品牌危机的溢出效应 ······························· 19
   2.3 品牌危机及其溢出效应相关研究简评 ············ 23

3 国货偏好研究现状与述评 ································· 25
   3.1 国货偏好 ············································ 27
   3.2 国货偏好的影响因素 ······························· 29
   3.3 国货偏好相关研究简评 ···························· 36

4 群际威胁研究现状与述评 ································· 37
   4.1 群际威胁的内涵 ···································· 39
   4.2 群际威胁的类型 ···································· 40
   4.3 群际威胁的影响因素 ······························· 41
   4.4 群际威胁的影响作用 ······························· 43
   4.5 群际威胁相关研究简评 ···························· 45

## 5 外国品牌危机对国产品牌的溢出效应 ········· 47
### 5.1 假设推导 ········· 49
### 5.2 研究一：涉事品牌国别的影响及其作用机制 ········· 58
### 5.3 研究二：外国品牌危机事件类型的影响及其作用机制 ········· 67

## 6 外国品牌危机影响国货偏好的边界条件 ········· 75
### 6.1 假设推导 ········· 77
### 6.2 研究三：品牌来源国形象的影响 ········· 82
### 6.3 研究四：危机事件严重性的影响 ········· 89

## 7 综合讨论（上篇） ········· 97
### 7.1 研究结论 ········· 99
### 7.2 理论贡献 ········· 100
### 7.3 管理启示 ········· 101
### 7.4 研究局限与未来研究方向 ········· 103

# 下篇：品牌危机对消费者新产品采纳意愿的影响

## 8 绪论（下篇） ········· 107
### 8.1 研究背景 ········· 109
### 8.2 研究意义 ········· 111

## 9 消费者新产品采纳研究现状与述评 ········· 113
### 9.1 产品创新 ········· 115
### 9.2 新产品类型 ········· 116
### 9.3 消费者新产品采纳意愿的影响因素 ········· 118
### 9.4 新产品采纳相关研究简评 ········· 121

## 10　品牌危机对新产品采纳的影响及其机制 …………… 123
　　10.1　研究假设 ……………………………………………… 125
　　10.2　研究五：品牌危机对新产品采纳的影响 …………… 128
　　10.3　研究六：感知相似性和感知风险的链式中介作用 …… 133

## 11　危机事件因素与消费者特质的影响作用 …………… 141
　　11.1　研究假设 ……………………………………………… 143
　　11.2　研究七：危机事件归因的影响 ………………………… 147
　　11.3　研究八：危机应对策略的影响 ………………………… 152
　　11.4　研究九：解释水平的影响 ……………………………… 158

## 12　新产品相关因素的影响作用 ………………………… 163
　　12.1　假设推导 ……………………………………………… 165
　　12.2　研究十：产品外观新颖性的影响 ……………………… 168
　　12.3　研究十一：产品陈列方式的影响 ……………………… 175

## 13　综合讨论（下篇） ……………………………………… 183
　　13.1　研究结论 ……………………………………………… 185
　　13.2　理论贡献 ……………………………………………… 187
　　13.3　管理启示 ……………………………………………… 189
　　13.4　研究局限与未来研究方向 ……………………………… 191

## 参考文献 ………………………………………………………… 194

## 上篇

# 品牌危机对消费者
# 国货偏好的影响

# 绪论（上篇）

## 1.1 研究背景

在网络与移动通信高度普及的自媒体时代,品牌信息的传播渠道呈现出前所未有的多样化态势,公众可以轻易地从线上线下接触到品牌及其产品信息。然而,这也意味着企业一旦在产品质量或道德层面出现问题,这些问题将迅速被网络放大,并在社会舆论的聚光灯下迅速演变为对品牌形象和信誉造成严重损害的品牌危机事件。根据危机事件产生的原因,可以将品牌危机事件分为能力主导型品牌危机和道德主导型品牌危机(陶红、卫海英,2016)。能力主导型品牌危机主要指产品本身出现质量缺陷或安全隐患。例如,2016 年韩国三星手机电池爆炸事件,2019 年德国奔驰汽车发动机漏油事件,2022 年美国雅培奶粉污染事件等。道德主导型品牌危机指品牌违反道德标准,违背社会普遍认同的价值观、基本道德准则等社会或伦理道德事件。例如,2019 年苹果、微软等品牌雇佣非洲童工致儿童严重受伤事件,2021 年 H&M 等品牌抵制新疆棉事件,2022 年法国迪奥文化挪用事件,2022 年韩国好丽友产品配料双标事件等。

现有研究结果表明,相较于能力主导型危机事件,道德主导型危机事件所引发的溢出效应更大(范宝财 等,2014),这是由于道德主导型危机事件给消费者带来价值观层面的冲突以及心理与情感层面的伤害更大,因此更容易引起消费者情感上的不适或抵触(Harmeling et al.,2015)。特别是当外国品牌出现不尊重中国文化、辱华等道德主导型危机事件时,更容易引发我国消费者的不满和抵制行为,甚至还会波及与危机品牌同国的其他品牌(Lei et al.,2012;王海忠 等,2010)。例如,2021 年 3 月,H&M 扭曲事实表示决定抵制新疆棉花,事件在网络上一经曝光便迅速发酵;世界知名运动品牌耐克也被发现曾在 2020 年公开发布过抵制新疆棉花的声明。事件发生后,中国民众纷纷抵制 H&M、耐克等这种"一边吃中国饭,一边砸中

国锅"的外国品牌。同样，来自美国的休闲运动品牌 Vans 也受到了来自耐克品牌危机事件的波及，据统计，2021 年 Vans 在中国市场的销售额同比下降了 26%。相比之下，当外国品牌发生能力主导型品牌危机事件时，我国消费者却并未对涉事品牌表现出普遍的强烈抵制。例如，2021 年特斯拉刹车失灵事件发生后，我国仍有部分消费者继续购买特斯拉汽车，并在其官方微博下表示对品牌的支持。

现有研究表明，品牌危机事件会给同国或属于同一群体的其他品牌带来负面溢出效应（李杨 等，2022），并关注负面溢出效应的影响因素，以及应对策略等。而关于品牌危机如何影响他国或属于另一群体的品牌的研究则相对较少。相关数据资料表明，当外国品牌在我国市场上发生道德主导型危机事件时，例如 2021 年 H&M、耐克等洋品牌抵制新疆棉事件，涉事品牌及其同国别品牌在中国的销量随之大幅下滑；形成鲜明对比的是，中国本土运动品牌李宁、安踏等在同时期的销量却大幅上升。2021 年第二季度，李宁天猫旗舰店销售额同比上涨 800%，安踏 2021 年第二季度线下零售额较同期上涨 40%。然而，当外国品牌在我国市场发生能力主导型危机事件时，例如 2019 年 3 月源自德国的奔驰品牌汽车发生发动机漏油事件，我国消费者却并未对其他德国汽车品牌表现出明显抵制。据统计，2019 年 5 月与奔驰同样来自德国的汽车品牌宝马在中国的销量同比增长 30.93%，而我国本土汽车品牌的销售额也并未因此而大幅提升。基于这些实际的品牌危机现象，本书的上篇旨在深入探讨外国品牌发生不同类型的危机事件时，对我国同行品牌产生的潜在溢出效应，换言之，消费者是否会由于外国品牌发生的危机事件而改变对国货（国产品牌产品）的偏好。在此基础上，本项研究将引入社会心理学中的群际威胁理论用以深入剖析并提炼这种跨国品牌之间溢出效应的作用机制及其影响作用的边界条件。相信对于这一问题的深入探讨不仅有助于丰富有关品牌危机溢出效应的研究，而且有助于国产品牌在同行外国品牌发生危机事件的特殊时期更好地识别和把握市场机会，扩大市场份额。

## 1.2 研究价值

### 1.2.1 理论价值

本项研究聚焦探讨外国品牌危机事件对我国品牌可能产生的潜在溢出效应，并将社会心理学中的群际威胁理论引入品牌危机领域，研究的理论价值主要体现在如下两个方面。

首先，以往多数有关品牌危机的研究探讨的是危机品牌对于其同国竞争品牌的溢出效应，并且主要关注品牌危机的负面溢出效应（方正 等，2013；韩冰、王良燕，2017；王夏 等，2021）。而本项研究拟探讨不同国别品牌间可能产生的危机溢出效应，并重点关注外国品牌危机事件对我国品牌所产生的潜在的正面溢出效应（对比效应）。此外，本项研究还将外国品牌危机类型进一步区分为能力主导型品牌危机和道德主导型品牌危机，并以此为基础比较不同类型危机事件对我国品牌所产生的溢出效应的差异。因此，本项研究将有助于对品牌危机溢出效应领域的研究形成有益补充，丰富读者对跨国别品牌间危机事件溢出效应的认知。

其次，本研究将社会心理学领域的群际威胁理论引入品牌有关危机溢出效应的研究中。从外国品牌危机事件令我国消费者感知群际威胁的角度，讨论危机事件情境中我国消费者可能产生的外群体排斥与内群体支持行为，以此解释外国品牌危机对我国品牌产生正面溢出效应的原因与路径。群际威胁机制不同于以往研究普遍关注的联想网络模型、同化效应等溢出效应产生机制，这将有助于拓展现有对品牌危机溢出效应产生机制及其边界调节的认识。

## 1.2.2 实践价值

品牌危机不仅会对涉事企业的声誉与市场业绩带来较大的负面影响，还会对同行竞争品牌乃至整个行业产生一定的冲击，因此，对品牌危机溢出效应的预判与应对现已成为学术领域与业界普遍关注的重要议题。在此背景下，本研究预期能够提供的实践启示与应用价值主要体现在以下两个方面。

其一，从中国企业（国产品牌）的视角而言，面对近年来外国品牌频频发生的危机事件，本研究将有助于它们明确外国品牌发生危机事件对消费者国货偏好的影响，以及辨识外国品牌所发生的不同类型的危机事件对消费者国货偏好可能产生的不同影响。这将使企业在危机事件情境中能够准确识别并把握市场机会，有针对性地应对外部危机事件，从而有望实现"弯道超车"、顺势而上的市场效果。

其二，从外国企业/品牌的视角而言，本研究将有助于它们预判品牌危机事件发生时中国消费者可能的反应及其行为背后更深层次的心理动因，从而有助于依据品牌危机事件的不同类型拟定更有针对性的应对策略与方案，以弱化危机事件对自身及其同国别品牌的影响，实现在中国市场的可持续发展。

## 1.3 研究方法

本项目的研究方法主要包括以下两种：

第一，文献分析法。运用案头研究，搜索市场营销学、社会学与社会心理学等多个领域的相关文献资料，搜索主题包括品牌危机（也包括品牌丑闻、品牌负面事件/负面曝光事件、品牌犯错、产品伤害危机等关联主题）、溢出效应、群际威胁、品牌来源国形象等。采用文献分析法对国内外现有研究成果进行系统梳理与归纳，总结出已有研究的发展脉络与存在的不足。在

此基础上，明确本研究的理论基础，并构建科学合理的研究框架。

第二，消费行为实验法。本研究主要通过消费行为实验法（简称"实验法"）对研究模型与假设做出检验。如何将现实中的品牌危机事件溢出效应情境与实验设计结合起来是本研究拟解决的关键问题之一。首先，为确保实验情境中诱发的心理机制与现实情况高度吻合，本研究尽可能依据真实发生过的品牌危机事件情境编撰实验刺激材料，并通过在不同产品品类、不同危机事件情境中的重复测试以检验研究结论的稳定性，从而确保较高的实验外部效度。其次，在变量测量方面，基于消费者视角的现有研究对溢出效应的界定与测量通常是依据负面事件发生前后消费者对同一品牌态度的改变，但在实验研究中，通过密集重复测量消费者品牌态度的方式很容易令被试猜测出研究者的目的，进而影响测量结果的有效性。对此，本研究通过设置参照组、进行组间比较的方式评估危机事件溢出效应及其效价，从而更为科学合理地开展实验设计与变量测量。最后，为了确保研究样本的代表性，本研究尽可能使实验被试的构成更加多元化，从而摆脱单纯学生被试的局限，同时也能使消费者特质相关的变量捕捉到足够的差异。对于实验收集的数据，使用 SPSS 软件、采用科学的统计分析方法进行数据分析以及对研究假设的严谨检验，从而形成本研究的结论。

# 2

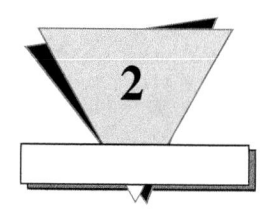

# 品牌危机研究现状与述评

## 2.1 品牌危机

### 2.1.1 品牌危机的内涵

品牌危机（brand crisis）通常是指企业经营过程中发生的有关产品、服务或企业整体的负面信息，以品牌为识别线索被广泛传播并造成较大破坏性的事件（Dahlén and Lange，2006；韩冰、王良燕，2017）；通常是较为突然和意外发生的负面事件，会给品牌价值以及品牌声誉等带来一定的负面影响（Benoit，1997）。当然，由于研究的切入点或侧重点不同，学者们对这一概念的界定也有不同的表述。刘春章和余明阳（2008）认为，品牌危机是由于品牌自身管理、运营失常或外部环境因素的突发变化导致的、影响较大的负面事件，这类危机事件会给品牌形象带来消极影响，甚至威胁企业生存。Dutta 和 Pullig（2011）认为，品牌危机是指由于品牌的错误主张或意料之外的事件损害品牌提供价值的能力进而对消费者的品牌信任、品牌态度、感知质量及购买意愿等产生负面的影响，并导致品牌资产流失的重大事件。陶红和卫海英（2016）将品牌危机定义为由于产品功能缺陷或企业道德缺失导致品牌价值受损，进而破坏消费者品牌信任及品牌关系的突发事件或变化状态。

此外，在营销领域，品牌丑闻（brand scandal）、品牌犯错（brand misconduct）、产品伤害危机（product-harm crisis）等概念也是与品牌危机类似的概念。

### 2.1.2 品牌危机的类型

品牌危机事件本身的性质是影响消费者认知判断的第一线索（庄爱玲、余伟萍，2011）。不同类型的危机事件给企业带来的影响有差异。现有研究

对品牌危机类型的划分不尽相同，主要是从危机事件属性与危机事件责任归因这两种视角对品牌危机进行分类。

依据危机事件的严重性，Klein 和 Dawar（2004）将品牌危机分为高严重型危机和低严重型危机。根据卷入危机的品牌数量，品牌危机可以划分为单发型危机和群发型危机两种类型（汪兴东 等，2012；冯蛟 等，2015）；在此基础上，崔保军和余伟萍（2015）又将群发性危机进一步区分为技术缺陷型危机和潜规则型危机。依据企业能否对危机事件本身做出合理性与合法性的解释，可将品牌危机分为可辩解型危机和不可辩解型危机；可辩解型危机即品牌可以就危机事件给出合理的解释，不可辩解型危机则是指品牌无法就危机事件给出合理的解释（Smith，2003；汪兴东，2013；涂铭 等，2013）。

有些学者基于 Weiner（1985）的归因理论（attribution theory）对品牌危机进行分类。例如，Coombs（2007）将品牌危机细分为受害型危机事件（品牌受到自然灾害、流言等外部因素的伤害）、过失型危机事件（产品质量缺陷、技术失败等导致的伤害）和故意型危机事件（品牌犯罪、管理者行为不端等现象）这三种类型。此外，从危机事件的发生是否可控来看，品牌危机事件可以区分为可控型危机事件与不可控型危机事件（Sinha and Lu，2016）。前者是指危机事件在品牌或企业的可控范围内，换言之，品牌或企业原本可以避免危机事件的发生，例如，航班取消是由于航空公司没有做好预防工作而导致服务失败；不可控型危机事件则是指外部环境因素导致的危机事件，并不在品牌或企业的可控范围内，例如，航班取消是由于暴雨或大风天气所致（陈斯允 等，2020）。

还有一些学者依据危机事件性质将品牌危机事件分为两类，分别是与产品性能相关的事件和与企业价值观相关的事件（Votola and Unnava，2006；Dutta and Pullig，2011）。产品性能型危机是指产品质量出现缺陷或品牌产品质量无法达到消费者的需求而引发的危机事件，而企业价值观型危机事件则

是指企业的价值取向与社会道德标准或消费者的价值取向相违背的危机事件。类似地，我国学者庄爱玲和余伟萍（2011）将品牌危机分为产品功能型危机、公司道德型危机以及道德-性能复合型危机。陶红和卫海英（2016）则将品牌危机归纳为两大类型，即能力主导型危机（function-leading crisis）和道德主导型危机（morality-leading crisis）。能力主导型危机是指产品质量问题或功能缺陷导致消费者品牌信任降低的突发事件，例如，2021年的特斯拉刹车失灵事件、2022年雅培奶粉含有沙门氏菌的污染事件等；而道德主导型危机是指品牌违反道德标准，违背社会普遍认同的价值观、基本道德准则等社会或伦理道德事件，例如，2015年大众汽车欺骗消费者的"排放门"事件、2020年瑞幸咖啡财务造假事件、2021年美妆品牌悦诗风吟的"漂绿"事件等。本研究沿用学者陶红和卫海英（2016）的分类方式，将品牌危机分为能力主导型危机和道德主导型危机。

### 2.1.3 品牌危机对涉事企业的影响

现有研究结果表明，品牌危机事件会对企业的市场绩效产生负面影响，包括导致企业业绩下降（Heerde et al.，2007）、市场份额降低（Ma et al.，2014）等，同时也使企业声誉、品牌形象与品牌资产等严重受损（Dawer and Pillutla，2000；李国峰 等，2008），而且还会影响上市公司在资本市场的表现，使其股票价值缩水（潘佳 等，2014），从而给企业带来较严重的经济损失。品牌危机事件对涉事品牌的影响还会受到危机事件类型（方正 等，2011）、负面归因（卫海英、魏巍，2011）、品牌声誉（方正 等，2011；范宝财 等，2014）、品牌承诺（卫海英、魏巍，2011）等情境因素的调节与制约。另外，与客户、供应商等利益相关者建立良好关系的品牌也能够更好地抵御品牌负面事件的冲击（Coombs and Holladay，2001）。

基于消费者视角，营销领域的大量研究发现，品牌危机事件会给消费者带来负面品牌体验（单从文 等，2016）、大幅提升消费者的感知风险

(Siomkos and Kurzbard，1994；崔保军、余伟萍，2017）、严重损害消费者的品牌态度（Ahluwalia et al.，2001；Griffin et al.，1991；Pulig et al.，2006），从而降低消费者的购买意愿（Vassilikopoulou et al.，2009；卢强 等，2017），严重削弱消费者的满意度与忠诚度（Cleeren et al.，2008），同时也严重损害消费者对品牌的信任，令其对涉事品牌及企业做出负面评价（Griffin et al.，1991；Pulling et al.，2006），甚至导致消费者与品牌关系断裂、出现品牌转换行为。此外，品牌危机事件尤其是性质较严重的危机事件容易让消费者产生焦虑、生气、无助、失望等一系列的负面情绪（涂铭 等，2013）；同时，群发型品牌负面事件会强化消费者的情绪反应，令其感到恐慌（Covello et al.，2001）。而消费者的负面情绪反应会促使其表现出更激烈的对抗与报复行为，包括抱怨、抵制、网络集群行为等（Laufer and Gillespie，2004；崔保军 等，2019；青平 等，2016）。

另一些研究表明，消费者个体相关的因素，如消费者对品牌的期望（Dawar and Pillutla，2000）、对品牌的忠诚度（Ahluwalia et al.，2000）、感知与品牌之间的关联度（Baghi and Gabrielli，2021）、危机事件发生前对品牌的认同与品牌态度强度（Yu et al.，2021）等，均会影响其对危机事件的感知与反应。个体的性别不同往往也会带来思维方式上的差异；在危机事件爆发时，女性消费者通常更容易感到焦躁不安，产生比男性消费者更多的负面情绪（Laufer et al.，2004）。相比中青年人，老年人的主观情绪在危机事件的判断中起到主导作用，更易与受害者共情，对危机事件更易产生消极的评价（Burger，1981）。此外，个体的受教育水平通常会影响其对信息的认知和处理。在危机情境下，与受教育程度较低的个体相比，受教育程度较高的消费者通常具有更强的主动性去搜集相关信息并根据自身的认知和经验形成对危机事件的判断，因此危机事件对其产生的影响相对较小（郑彬、卫海英，2011）。

## 2.1.4 品牌危机的应对与修复策略

由于危机事件会带来一系列的负面影响，因此，对于陷入危机的品牌而言，如何准确、迅速地采取危机应对措施以减轻危机事件的负面影响、修复危机事件带来的损害至关重要（Ahluwalia et al., 2000; Dawar and Pillutla, 2000; Dean, 2004; Xie and Peng, 2009; 方正 等, 2011; 余明阳 等, 2019）。危机应对策略不仅能够影响社会大众对危机事件的认知，同时也反映了企业对危机事件的态度与责任担当（郑彬、卫海英, 2011）。

Siomkos 和 Kurzbard（1994）在研究中提出了品牌危机的四种应对方式：坚决否认（拒绝承认对问题产品负有责任）、强制召回（只有政府或机构下令才采取此类行动）、主动召回（通过提供折扣券或其他产品的免费样品以及广泛宣传召回）、积极承担责任（通过对社会负责任和在与危机相关的沟通中诚实地表达对消费者利益的关注来做出回应）。他们的研究同时指出，相比于企业采取坚决否认和强制召回策略，消费者对采取主动召回和积极承担责任的涉事品牌的态度更为积极。

Coombs（1998）基于危机责任的形势分析，系统提出了较为全面的危机处理体系，将危机后的应对策略区分为攻击主要责任人、否认、寻求借口、辩解、讨好、纠正以及诚恳道歉七种类型，并且指出涉事企业应根据不同的危机事件情境（诸如危机类型、损害的严重性、危机历史以及关系历史等），有针对性地选择最优的应对策略，从而有效减少品牌危机对企业尤其是企业声誉的负面影响（Coombs, 1998）。在前人研究的基础上，方正 等（2010）将品牌危机应对策略区分为和解策略（积极承担责任、采取修复行动）、辩解策略（否认存在问题、拒绝承担责任）、缄默策略（不应对危机、声称"暂时无法评论""无可奉告"）。此后该三分类危机应对策略得到了广泛应用，并引发了关于最优应对策略的研究。

另有一部分学者提出，应依据危机事件的类型有针对性地采取适宜的应

对策略。例如，对于可控型危机事件，涉事企业采取和解型应对策略修复危机的效果更好；而对于不可控型危机事件，涉事企业采取辩解型应对策略则更利于弱化消费者对企业的责任归因（陈斯允 等，2020）。另外，在能力缺失型危机情境中，涉事企业更适宜采用道歉、赔偿等和解型应对策略以修复消费者对品牌功能价值的感知；而在诚信违背型危机情境中，涉事企业则更适宜采取情感互动的方式以修复消费者对品牌情感价值的感知。

Xie 和 Peng（2009）研究了危机发生后能修复消费者信任的三种策略：情感性修复、功能性修复、信息性修复。其中，情感性修复是指企业向消费者和公众道歉以表示悔恨和同情；功能性修复的主要形式是提供经济补偿，如产品召回退款、服务失败后的优惠券或折扣等；信息性修复则包括适当的沟通，如展示证据、澄清事实，并在危机处理过程中披露最新消息。此外，在品牌危机情境下，企业社会责任策略（CSR）对危机负面影响的缓解作用也引发了广泛的讨论。CSR 声誉可以在消费者与企业之间建立牢固的心理纽带，从而在品牌危机发生时为责任企业博得消费者的情感谅解与理智支持（Xie et al., 2015）；换言之，企业平时的社会责任行为作为一种危机"储蓄"有助于有效抵御危机事件对品牌资产的冲击（井淼、周颖，2013）。同时，CSR 策略对品牌危机造成的负面影响还具有修复作用（崔泮为 等，2015）。此外，CSR 策略与企业自身核心业务的匹配度能够提升消费者的购买意愿（樊帅、田志龙，2017）。蔡玉程等（2020）认为在品牌危机情境下，企业的商业责任声誉具有"双刃剑"作用，其与消费者宽恕之间呈倒 U 型关系；而企业的慈善责任声誉则具有类似于"缓冲垫"的作用，其与消费者宽恕正向相关。

## 2.2 品牌危机的溢出效应

### 2.2.1 溢出效应及其影响因素

在当今数字化传播的时代，品牌被曝光的危机事件会通过互联网迅速传播并发酵，不仅会给品牌自身带来负面影响，而且也会由于品牌危机的溢出效应对相关的竞争企业和品牌造成影响（方正 等，2013；吴剑琳、吕萍，2016），甚至会影响到整个行业（王新刚 等，2018）。

溢出效应（spillover effect）是指一个主体的某一特征或行为，会影响到与该主体有一定关系但本身并不具有这一特征或行为的其他主体的现象（Ahluwalia et al.，2000）。现有研究主要基于两种不同的视角探讨品牌危机的溢出效应：一种是内部溢出视角，聚焦于品牌危机对企业内部其他现有的产品和品牌以及企业联盟中其他成员品牌的溢出效应（汪兴东 等，2012；Zhao et al.，2011；王海忠 等，2010）；而另一种是外部溢出效应视角，更为关注品牌危机对同行业中的竞争企业（Roehm and Tybout，2006；Janakiraman et al.，2009；费显政 等，2010；方正 等，2013；田阳 等，2013；庄爱玲、余伟萍，2014；吴剑琳、吕萍，2016）、整个行业或品类（Ahluwalia et al.，2000；张璇、张红霞，2014；卢强 等，2017；卫海英 等，2017）乃至整体国家形象（Magnusson et al.，2014；江红艳 等，2014）的溢出效应。

此外，依据效价的不同，也可以将溢出效应分为传染效应与对比效应两种具体的表现形式。传染效应也称为同化效应，或称负面溢出效应，是指品牌危机越过企业边界对行业中其他品牌造成负面影响，即所谓的"一损俱损"；反之，对比效应，或称正面溢出效应，是指品牌危机越过企业边界后对行业中的其他品牌尤其是具有直接竞争关系的品牌会产生积极的影响，令

其他品牌"因祸得福"（Roehm and Tybout, 2006; Goins and Gruca, 2008; 费显政 等, 2010）。

对品牌危机溢出效应产生影响的因素可以归纳为危机事件因素、品牌相关因素、消费者相关因素以及宏观层面因素四个类别（如图 2.1 所示）。

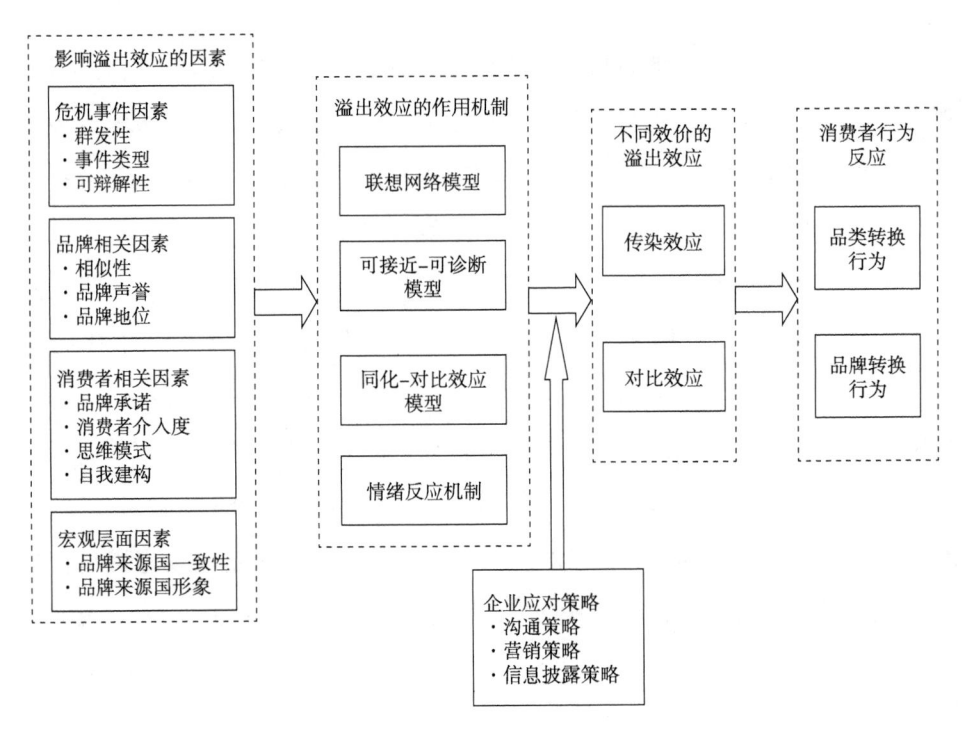

**图 2.1　品牌危机溢出效应整合分析框架**

资料来源：王夏. 品牌危机溢出效应的预警与应对：基于品牌来源国形象的视角 [M]. 武汉：武汉大学出版社，2023.

## 2.2.2　溢出效应的作用机制

近年来，对品牌危机溢出机制的研究一直是学术界探讨的热点问题，并且已经累积了较为丰富的研究成果，总结来看主要有以下三种不同的心理机制。

首先，联想网络模型（或称激活扩散模型）认为，品牌危机溢出效应主要受消费者的联想认知（即记忆激活）过程的影响，其强度取决于品牌或企业之间的关联度与相似度（Lei et al.，2008；范宝财 等，2014），越相似的品牌之间可接近性越强（费显政 等，2010；方正 等，2013；薛骄龙 等，2016）。此外，品牌之间的联想与激活不仅具有强度差异，还具有方向的差异，使得母品牌与子品牌之间的双向溢出效应呈现出非对称性（Lei et al.，2008；范宝财 等，2014）。

其次，根据可接近-可诊断模型（Feldman and Lynch，1988），品牌危机事件溢出效应的引发依赖于两个条件：一是信息的可接近性（accessibility），即消费者接触到涉事品牌危机事件时，在大脑联想网络中激活其他品牌的难易程度——这一点与联想网络模型的解释基本一致；二是信息的可诊断性（diagnosticity），即涉事品牌危机事件能够用于判断同行其他品牌的有效程度，信息的可诊断性主要受危机事件属性（群发性、可辩解性等）、品牌特征（品牌代表性、声誉、地位等）以及消费群体特征（品牌承诺度等）等三方面因素的影响（Siomkos et al.，2010；汪兴东 等，2012；王海忠 等，2010；王军 等，2015；曾伏娥 等，2019）。

最后，同化对比效应理论源于认知心理学中刺激信息对个体反应影响的研究。先前呈现的某一信息会对当前的任务造成积极或者消极的影响，按照影响方向可分为同化效应和对比效应（杨治良，1999）。同化效应指的是先前的启动信息基于对认知构念的激活，对个体的目标判断产生影响并使其做出与之相同判断的现象；而对比效应则是指在启动信息的影响下做出相反判断的现象。同化效应和对比效应的发生取决于启动信息的特征与要判断的刺激信息的重合程度，具体来说，如果两者重合度较高，发生同化效应的概率就较大；相反，若两者之间相对性较大，则会引发对比效应。在前人研究的基础上，王海忠等（2010）学者在研究中引入社会比较理论中的选择通达机制，从而对同化-对比效应的产生做出更深入的解释。依据选择通达机制，

比较的结果表现为同化效应还是对比效应，取决于人们在评价之初采取的核心假设（Mussweiler，2003）。如果人们在比较之初选择的是相似性检验，就会更多关注比较对象之间的相似之处，而那些体现两者相似性的知识就会被激活成为可通达的，基于相似性的比较最终引起同化效应的产生；相反，如果人们在比较之初选择的是相异性检验，比较对象之间的不同之处就会得到更多关注，而那些体现两者差异性的知识就会被激活成为可通达的，基于差异性的比较最终导致对比效应的产生。

### 2.2.3 溢出效应的应对策略

在学术研究领域，不少学者对溢出效应的应对策略及其效果展开了探索与实证检验，涵盖了沟通与说服策略、营销策略等多个方面。

首先，在品牌危机事件发生后采取的沟通与说服策略方面，采取澄清（或明确否认）策略或区隔策略比不采取澄清策略更容易降低品牌负面事件的传染效应、增强对比效应（费显正 等，2010；王钰 等，2014；吴思、唐盛桂，2017）。也有学者认为，当品牌具备良好声誉等有利条件时，更适宜采取缄默策略，达到"此时无声胜有声"的效果（方正 等，2013；Siomkos et al.，2010）；反之，当品牌本身不具备良好声誉等有利条件或处于相对劣势地位时，则更适宜采用澄清/否认策略，才有可能逆转局面、重获消费者信任（方正 等，2013；Siomkos et al，2010；吴思、唐生桂，2017）。

也有学者强调，应依据危机事件类型采取更有针对性的应对策略。面对能力主导型外部危机事件，竞争品牌更适宜采取道歉策略，其效果优于否认策略与辩解策略；而面对道德主导型外部危机事件，竞争品牌采取道歉、辩解或否认策略的效果并无显著差异（余明阳，2019）。面对政治立场问题型危机事件时，非涉事品牌需要根据自身与涉事品牌的距离或关系采取适宜的应对策略，在事件中心受到波及的品牌可以采取撇清关系或沉默等应对策

略，而非中心或典型的品牌则可以采取澄清和切割策略（李杨 等，2022）。

其次，在营销策略方面，现有研究表明，在外部品牌危机事件曝光时，竞争品牌若能主动采取广告调整策略与价格调整策略，将有助于规避品牌危机事件的传染效应（Cleeren et al.，2013；Heerde et al.，2007；Siomkos et al.，2010；Zhao et al.，2011）。但营销策略的有效性会受到涉事品牌是否公开承认事件责任以及媒体负面报道强度等情境因素的制约。例如，当涉事品牌已公开承认错误且媒体负面报道强度较弱时，竞争品牌的广告策略会失效，此时不应盲目增加广告投入；而当涉事品牌并未公开承认事件责任时，竞争品牌的降价策略会失效，此时采取维持原价策略是更优的选择（Cleeren et al.，2013）。另外，王夏等（2021）基于品牌来源国形象视角的研究表明，面对外部危机事件，同行竞争品牌采取价格策略应对危机溢出效应的有效性会受到品牌来源国形象的影响：品牌来源国形象良好的品牌采取降价策略能达到最佳的效果，甚至有可能将原本不利的传染溢出效应逆转为对自身有益的对比溢出效应；品牌来源国形象欠佳的品牌及时采取提价策略能最有效地削弱危机事件溢出效应，而贸然采取降价策略则可能强化消极的影响进而增强危机溢出效应。

## 2.3　品牌危机及其溢出效应相关研究简评

数字化传播时代的到来使公众能够更快速、全面、深入地了解品牌被曝光的危机事件。随着品牌危机相关研究的不断深入，学者们逐渐将研究视角从主要关注危机事件对涉事品牌及其消费群体的负面影响拓展至对品牌危机溢出效应及其产生机制的研究。营销领域的大部分研究是基于消费者视角对溢出效应展开探讨，该视角的优势是有助于深入挖掘引发溢出效应的心理作用机制，从而揭示该现象产生的深层原因。经过三十余年的发展，营销领域对于品牌危机溢出效应的研究已经累积了较为丰富的研究成果，涉及溢出效

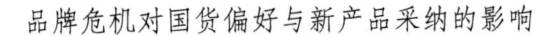

应的类型、影响因素、作用机制、应对策略等多个方面。

但从现有的研究来看，对跨国别品牌之间产生的危机溢出效应及其作用机制的关注与探讨相对不足。鉴于此，本书上篇旨在深入探讨外国品牌危机事件对国产品牌可能产生的溢出效应这一议题，以解答目前尚待澄清的一系列问题，包括外国品牌危机事件是否、为什么以及如何对国产品牌产生影响，不同类型危机事件产生的溢出效应是否存在显著区别，以及外国品牌危机事件作用于国产品牌的边界条件主要包括哪些方面等。本书下篇将重点关注和探讨品牌曾经发生的危机事件对后续新产品推广可能产生的溢出效应，这一基于纵向时间轴展开的对危机溢出效应的探讨有别于现有研究中普遍关注的品牌危机事件发生时横向（对同行业其他品牌）产生的溢出效应，从而能够为品牌危机溢出效应这一领域的研究补充新的视角。

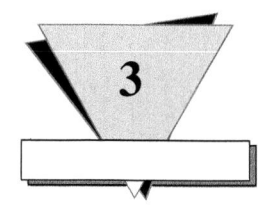

# 国货偏好研究现状与述评

# 3.1 国货偏好

偏好是认知心理学与营销学科（尤其是消费者行为学领域）共同关注的重要概念，类似于态度这一概念，它包含认知、情感和行为意愿三个维度。品牌偏好（brand preference）是指消费者对于某一品牌相较于其他品牌的喜好程度。本土品牌偏好（domestic brand preference）是指相对于外国品牌而言，消费者对本国品牌的喜好程度。在中国语境中，本土品牌偏好或称国货偏好特指相对于外国品牌，消费者对中国国产品牌（本土品牌）的喜好程度（崔登峰、桑玲玲，2020）。

在经济全球化的背景下，中国政府站在全新的战略高度，为推动国货与本土品牌的发展陆续出台了一系列政策。《中国制造2025》作为中国迈向制造强国的第一个十年蓝图，不仅标志着从制造到创造、从速度到质量、从产品到品牌的华丽转身，更是吹响了中国品牌价值国际化的号角。这一行动纲领的提出，意味着中国品牌将在全球舞台上以更加自信的姿态展示其独特魅力。《国务院办公厅关于发挥品牌引领作用推动供需结构升级的意见》进一步明确了自主品牌的宣传和展示的重要性，倡导自主品牌消费，引导境外消费回流，以此激发企业创新的活力，优化生产要素配置，增加有效供给，推动供需结构的升级。《国务院办公厅关于印发消费品标准和质量提升规划（2016—2020年）的通知》则着重于提升中国消费品的知名度和美誉度，致力于打造中国制造的金字招牌，让中国品牌在全球市场上熠熠生辉。《关于新时代推进品牌建设的指导意见》则进一步细化了品牌建设的路径，引导企业加强品牌建设，拓展重点领域品牌，扩大品牌消费，营造品牌发展的良好环境，推动中国制造向中国创造的转变。这些政策的出台，不仅体现了中国政府对发展本土品牌的全方位支持，更是通过提升产品质量、加强品牌建设、扩大内需和促进消费升级等措施，为中国品牌走向世界，增强国际竞争

力提供了坚实的政策基础和市场环境。我国政府的这一系列政策，正在为本土品牌的发展注入强劲动力，助力中国品牌在国际舞台上绽放光彩。

在经济全球化的浪潮中，中国企业正以前所未有的热情和决心，投身于品牌建设的宏伟事业。这股热潮不仅推动了中国品牌文化、个性与特色的日益凸显，更在国际舞台上扩大了影响力。本土品牌的质量飞跃，已经与国际品牌并驾齐驱，甚至在某些领域实现了超越。iiMedia Research（艾媒咨询）发布的《2023—2024年中国新国货消费行为监测与商业趋势研究报告》揭示了国潮经济的蓬勃发展，中国消费者日渐摆脱对国际品牌的依赖与偏重，愈发认同与选择国产品牌：2023年市场规模达到20 517.4亿元，同比增长9.44%，预计到2028年将突破30 000亿元大关。这一增长的背后，是年轻消费群体的崛起，他们以超过六成的比例成为国货市场的主力军。近九成的消费者见证了国货品牌质量的显著提升，这一趋势在知萌趋势研究中也得到了印证，2024年消费者对中国品牌的喜好度、选择度和口碑度均有所提升，认为中国品牌在全球的竞争力不断增强。

然而，国货品牌在产品口碑领域与国际品牌仍有差距，低端形象的摆脱尚需时日。iiMedia Research（艾媒咨询）的数据显示，81.44%的消费者因产品口碑选择国际品牌，而39.83%的消费者因产品切合本土文化而优先购买国货，在选择国货品牌的消费者中，因产品口碑更好而选择国货品牌的仅占17.41%。但随着国产品牌在质量、技术、沟通等方面的不断提升，消费者对国货的看法正在悄然改变，对国货品质的信心也在逐步增强。此外，中国在国际舞台上的一系列盛事，如2008年奥运会、2010年上海世博会、2015年亚投行的成立、2017年"一带一路"高峰论坛、博鳌亚洲论坛的召开，以及2023年亚运会在杭州的成功举办，不仅提升了中国国家形象和国际地位，也极大地增强了消费者的民族自豪感及其国货购买意愿。

在学术研究领域，消费者对本国品牌和外国品牌的偏好已成为市场营销研究的热点。研究表明，本国品牌与消费者的文化、情感和身份认同紧密相

连，更能满足中国消费者的使用需求。而外国品牌则提供了不同的价值和体验。研究者们越来越意识到，深入理解消费者对本国品牌的偏好及其背后的驱动因素，对于企业制定有效的市场战略至关重要。

为了进一步强化这一领域的研究，未来研究可以探讨如何通过文化营销、情感连接和身份认同的构建，进一步提升国货品牌的影响力。同时，研究也可以关注如何通过产品创新和质量提升，缩小与国际品牌在产品口碑方面的差距，从而实现国货品牌的全面崛起。

## 3.2 国货偏好的影响因素

### 3.2.1 消费者相关因素

消费者的价值观是影响消费者国货偏好的重要因素。在国内外研究中，提及最多的一个因素是消费者民族中心主义（consumer ethnocentrism），它是指消费者对购买本国产品或外国产品是否合理以及是否道德所持有的信念（Shimp and Sharma, 1987），通常源于消费者对自己国家的热爱和关心以及害怕进口货给自己国家带来经济损失等，是民族主义和爱国主义在消费领域中共同作用的产物（Balabanis et al., 2001）。Shimp 和 Sharma（1987）的研究发现，消费者民族中心主义与消费者购买本国产品的倾向呈正相关关系，与消费者购买外国产品的倾向呈负相关的关系。Verlegh（2007）在荷兰和美国进行的两项研究发现，消费者民族中心主义与国家认同代表了消费者本土品牌偏好的两类互补动机，其中，消费者民族中心主义的动机具有经济性，反映了消费者保护国内经济的愿望；而国家与民族认同具有社会性，反映了消费者积极的国家认同的愿望，进而影响消费者购买国内产品的意愿。Gineikiene 和 Pundziene（2017）的研究补充指出，心理所有权是解释消费者形成本土品牌或产品偏好的重要因素。

王海忠（2003）针对消费者民族中心主义展开了本土化的实证研究，结果发现，中国消费者具有较高的消费者民族中心主义倾向，这种倾向会使消费者在进行购物决策时优先选择本土品牌产品，并且对来自其他国家的品牌与产品抱有偏见甚至敌意。消费者民族中心主义对国货偏好的正向影响这一结论后续也得到了大量国内研究的支持（李东进 等，2010；卢小君 等，2010；吴剑琳 等，2010），但也有部分研究发现，消费者民族中心主义虽然对本国产品购买意愿具有正向影响，但对外国产品购买意愿则不具有显著影响（庄贵军 等，2006；Durvasula et al.，1997；Witkowski，1998）。王海忠等（2005）进一步强调了消费者民族中心主义具有两面性，只有健康的消费者民族中心主义才会对国货购买行为产生积极的影响作用，而虚伪的消费者民族中心主义则具有相反的影响。

类似地，我国学者从对消费者民族中心主义的本土化研究中衍生出国货意识（national brand consciousness）这一概念，指一个国家的消费者出于对本国的热爱和自豪以及对外国品牌可能损害本国经济的担忧而对本土品牌产生的偏向意识，这是基于国家情感产生的一种对本土品牌的偏爱（庄贵军 等，2006）。研究者认为，消费者民族中心主义是在西方资本蓬勃发展的历史进程下民族自豪感的产物，而国货意识则是民族资本受到西方资本剧烈冲击下民族自保的产物（韩小林、刘向明，1995；庄贵军 等，2006）。因此，国货意识可进一步分为两个具体维度，一个是基于自豪感的国货意识，另一个是基于危机感的国货意识（庄贵军 等，2006）。

一方面，基于自豪感的国货意识主要是消费者出于对自己国家纯粹的热爱和依恋，从而表现出对本国品牌与产品的支持和偏爱，同时会降低对外国品牌与产品的偏好及购买意愿。相关研究指出，在中国环境下，消费者的爱国主义和民族主义均与基于自豪感的国货意识正向相关（王鹏 等，2012）。不仅是针对我国消费者开展的研究，国外的研究也有类似的发现。例如，Balabains 等（2001）发现，在部分国家，出于爱国主义或者对国家的依恋，

消费者心中会油然而生对国家的自豪感，进而在消费领域更倾向于选择购买本国的产品。另一方面，由于中国在近代一直饱受国外列强欺辱，在此时期争取国家富强成为中国人民努力的方向，在这种情况下，基于危机感的国货意识应运而生，表现为消费者对国货的支持以及对外国产品的排斥。相关研究发现，民族主义与基于危机感的国货意识正向相关（王鹏 等，2012）。高国货意识的消费者感到有道德义务购买国货商品，具有更强的本土品牌偏好，他们认为外国品牌在本土市场的发展会威胁民族企业、损害国家的经济利益，因此会排斥外国品牌（王海忠，2003）。这样的情感普遍存在于像中国这样的高集体主义文化的国家。为帮助群体内成员（如本土品牌），高国货意识的消费者对群体内成员有更高的移情能力，进而还会降低其对本土品牌产品价格的敏感性，提高本土产品购买意愿。汪蓉和李辉（2013）的研究发现，消费者国货意识对外国品牌产品购买意愿具有显著的负面影响，而基于危机感的国货意识比基于自豪感的国货意识具有更强的影响力。但也有少数研究并未支持国货意识对国货偏好的影响作用。庄贵军等（2006）的研究发现，在充分考虑消费者的性别、年龄等控制变量的影响后，消费者的国货意识对其本土品牌偏好没有产生显著的直接影响或间接影响。

消费者对本国文化的认同也会影响其国货偏好。文化认同（cultural identity）反映了个体接受其特定社群中各成员广泛共享的一系列信念和行为的程度，强调的是与历史发展和文化遗产的关联，以及将文化遗产纳入个体的自我概念之中（Jensen，2003；Mackie and Smith，1998）。Tajfel（1971）的研究证实，文化认同会引起个体对群体所关联的一切物质以及象征的积极评价，这种积极的情感反应被称为内群体偏好。在消费领域，由于内群体偏好的存在，个体消费者在进行产品或品牌选择时也会存在明显的偏见，相对于外群体品牌，他们往往会对属于内群体的本土品牌做出更高的认可及更积极的评价。Balabanis 和 Diamantopoulos（2008）、Papadopoulos 和 Heslop（2002）等学者的研究均发现，对本国文化有强烈认同感的消费者更倾向于

购买本国品牌产品。具体而言，对本国文化认同度更高的消费者往往更能感知到本土产品在本国文化的象征，从而对蕴含本国文化的本土产品或品牌持有更积极的看法，这种内在动机会促使他们以实际的购买行动支持本土产品或品牌。王瑞（2015）的实证研究进一步指出，我国消费者对于传统文化的认同，不仅会正向影响其对本土产品与品牌的态度，而且还会影响其对本土品牌延伸产品的购买行为。何佳讯等（2017）认为，文化认同与国货意识是社会认同中的两种构念，文化认同比国货意识更能够有效地预测消费者对国产品牌的购买行为，因此兼具本土文化元素和民族情感的品牌建设和营销活动更为有效。

反之，消费群体中的世界主义者是适应另一个国家或文化的生活方式和习俗而不完全抛弃本国产品的人，故对世界其他地区的产品和品牌有着浓厚的兴趣与开放性，更倾向于尝试来自其他国家尤其是不同文化的产品，对本土品牌与产品的偏好与依恋程度则相对较低（Nijssen，2008）。

消费者的年龄、时间导向等因素也会影响其国货偏好。庄贵军等（2006）的研究发现，消费者的性别、年龄、家庭所在地和消费水平等特质因素对其本土品牌偏好具有不可忽视的影响。赵占波等（2009）对于中外品牌的比较研究发现，一半以上的消费者更加偏好国产品牌，消费者对国产品牌的偏好与年龄呈正相关关系，与家庭收入呈负相关关系。崔登峰和桑玲玲（2020）的研究证实了时间导向会影响消费者对本土产品与品牌的偏好：秉持过去导向的消费者重视传统、崇敬祖先，在消费领域更看重产品的质量及其在本土文化中的象征价值，因此更倾向于选择购买本土品牌产品；而秉持未来导向的消费者则会习惯性地思考未来，更顺应全球化发展趋势并且更愿意接受外来文化，因此更倾向于选择源自发达国家的品牌及其产品。

## 3.2.2 品牌与产品相关因素

首先，营销领域的大量研究指出，尽管也会受直觉与情感因素的影响，但在大多数情况下，消费者依然是理性的决策者，他们在进行备选产品的比较与评价时，更重视产品质量、价格等核心要素，而非品牌国别等背景线索或边缘因素。因此，当本土产品与外国产品之间的感知质量差距较大时，消费者倾向于选择具有更高感知质量的、通常来自发达国家的全球品牌；而当两者在质量层面的感知差距较小，甚至本土品牌产品更具性价比优势时，消费者会转而支持本土品牌，且此时会给自己冠以"爱国主义"的标签（李倩倩、崔翠翠，2018）。在功能价值层面，口碑效应以及产品性价比对消费者的本土品牌（vs. 全球品牌）偏好具有更强的正向影响（李倩倩、崔翠翠，2018）。庄贵军（2006）的研究发现，本土品牌形象与感知质量是影响消费者对本土品牌的偏好及购买意愿的重要因素，而国货意识的影响并不明显。刘林丹（2007）的研究发现，中国消费者在电子消费品领域更倾向于选择外国品牌产品，原因在于外国品牌产品（进口产品）通常被认为具有更高的质量，而产品质量是消费者在选择电子产品时首要考虑的因素。Wang 和 Chen（2004）的研究也指出，消费者民族中心主义对其本土产品偏好的影响受制于产品质量与象征价值等因素；当本土产品质量较差或者消费者追求炫耀性消费时，消费者民族中心主义价值取向对其本土产品购买意愿不再产生显著的影响。

其次，以往有关品牌来源国的研究指出，良好的国家形象对一国产品评价有积极的影响，而负面的国家形象则会对产品评价产生消极的影响（Verlegh and Steenkamp，1998；汪涛 等，2012）。由于消费者普遍认为源于发达国家的产品和品牌具有更好的质量与更高的象征价值，因此发达国家的消费者更偏好国产品牌、排斥外国品牌；而发展中国家、新兴市场的消费者，尤其是年轻人和高收入者，不仅认为源自发达国家的品牌具有更高的质

量，而且将它们与时尚潮流、高社会地位等象征意义联系在一起，因此也更偏好源自发达国家的品牌产品。不过，关于新兴市场消费者对本土产品的态度，研究者有不同的看法。一部分学者认为，尽管新兴市场消费者更偏好发达国家的产品，但对本土产品没有表现出明显的排斥态度；另一部分学者则认为，他们对本土产品有较为负面的评价，使用本土产品会给他们带来功能及形象上的损失。

近年来，随着新兴市场的快速崛起，研究者们发现这样的原产国刻板印象正在改变。例如，Zhou（2003）的研究指出，在全球市场上，来自发达国家的品牌的优势正逐渐减弱，一个很重要的原因在于发展中国家品牌的产品质量及象征价值不断提高，这种现象在中国市场尤为明显；甚至在中国的某些行业，消费者在进行消费决策时会优先考虑本土品牌，而非以往被认为具有更高感知价值的外国品牌。然而，值得注意的是，若本土品牌采取将自身包装为国际品牌（包括品牌定位、沟通与传播策略等）以混淆视听的行为，则会令消费者产生对品牌原产地的困惑，进而对其品牌态度与偏好产生负面的影响（王鹏 等，2015）。还有学者侧重于探讨在国际化进程中品牌真实性对消费者本土品牌偏好的影响，例如，徐伟等（2017）的研究发现，本土品牌在进行国际化转型后，品牌的真实性会显著下降，从而对消费者的品牌态度与偏好产生显著的负面影响。

最后，本土品牌被曝光的负面事件也会影响消费者对本土产品的偏好。王鹏等（2009）关注并证实了三聚氰胺这一公共卫生突发事件（品牌危机事件）对于中国消费者本土品牌偏好的负面影响。品牌负面突发事件不仅会影响消费者对涉事品牌的态度，还会对国家形象产生负面溢出效应，从而影响消费者对于整体本土品牌产品的偏好。

### 3.2.3 环境因素

对国货的支持通常也被认为是消费者应对外界威胁的一种防御机制。现有关于死亡信息暴露（也称"存在不安全感"）的研究发现，当接触到与死亡相关的信息时，人们的存在安全感会受到威胁，从而在消费领域中会更倾向于支持和选择国货而非外国产品（Liu and Smeester, 2010; Friese and Hofmann, 2008; Fransen et al., 2008; 柳武妹 等, 2014）。关于死亡信息暴露促使消费者选择国货这一现象的内在机制，Liu 和 Smeester（2010）基于西方发达国家消费者行为的研究发现，死亡信息暴露能够唤醒消费者的爱国主义情绪、激活其文化世界观防御机制。

然而，现有研究也证实，消费者在面对死亡信息暴露时会启动不同的防御机制以应对死亡威胁，包括近端防御与远端防御。Liu 和 Smeester（2010）的实证研究进一步指出，当死亡信息暴露令文化世界观防御机制被激活时，消费者会更倾向于购买本土品牌产品以突出对本土文化与价值观的认同；而当死亡信息暴露激活的是自尊防御机制时，发展中国家的消费者则更倾向于购买发达国家的品牌与产品——其在象征价值层面通常与更高的社会身份地位相关联（Batra et al., 2000）。与 Liu 和 Smeester（2010）结论不同，柳武妹等（2014）从补偿性消费行为的视角出发，发现死亡信息暴露会冲击个体的控制感，因此，即使是发展中国家的消费者，也会通过支持与购买国货来补偿个人控制感的缺失。Zhang 和 Khare（2009）的研究发现，激活消费者的本地身份可以令他们对本地产品产生更积极的评价，从而有助于预测其对本地产品的偏好。此外，徐岚等（2020）的研究发现，消费者感受到的本体安全感威胁对其家乡品牌偏好具有显著的正向影响，具体表现为当自我发展的稳定性受到外部环境或文化的威胁时，人们会更倾向于选择家乡的品牌来重塑本体安全感。

## 3.3 国货偏好相关研究简评

本章节系统梳理了国货偏好的多维度影响因素，包括消费者个人价值观、品牌与产品特性以及外部环境因素。从消费者民族中心主义到国货意识再到文化认同，这些因素共同构成了消费者对国货偏好的心理基础。研究表明，消费者对国货的偏好不仅是基于产品质量和性价比的理性选择，还受到情感、文化和身份认同等非理性因素的影响。此外，品牌来源国效应和品牌真实性的研究为理解消费者对本土品牌和国际品牌的偏好提供了新视角。然而，现有研究在探讨这些因素时，往往忽略了它们之间的相互作用和动态变化。未来的研究可以进一步探讨这些因素如何共同作用于消费者的国货偏好，以及如何通过有效的市场策略来提升国货的市场竞争力。

此外，以往有关国货偏好的研究鲜少关注品牌危机事件尤其是外国品牌危机事件对消费者国货偏好的潜在影响。这也正是本研究的出发点，对这一问题展开深入研究有助于揭示消费者国货偏好的动态变化，丰富对影响这一偏好的情境因素的认知。

# 4

# 群际威胁研究现状与述评

# 4 群际威胁研究现状与述评

## 4.1 群际威胁的内涵

人类本质上是群体生活的动物，为了更好地抵御环境中的危险，人们形成了各种高度依赖和高度合作的群体（Caporael, 1990; Brewer, 1990）。在当前的社会环境中，根据国家、种族、行业、性别等不同的方式和标准，个体会被分属不同的群体，个体也会拥有某种或多种群体身份，也因此形成了内群体与外群体的区分（杨治良，2007）。内群体即个体自身所属的群体，人们将自己视为群体的一员，对群体具有归属感和同一性的感受，换言之，内群体就是由"我们的"人组成的群体。与内群体相对应的就是外群体，是指在文化、信念、价值观等方面不相同的群体。个体并不从属且无法对其产生归属感的群体，就是由"他们的"人组成的群体（杨治良，2007）。

威胁，是社会心理学的重要话题，群际威胁广泛存在于各类社会群体之间（党宝宝 等，2014）。例如，人们对残疾人群内部价值观和行为规范的不尊重，会使残疾人士感知到压力和威胁。Riek（2006）和张婍等（2009）学者将群际威胁定义为在社会情境中，一个群体的行动、信念或者特征挑战了另外一个群体的成就或者幸福感。群际威胁主要源于每个群体在社会资源占有等方面存在差异，一旦人们知觉到外群体会对其所在的群体产生威胁或竞争，给内群体成员带来压力和损失（张婍 等，2009; Andrighetto et al., 2012），或内群体成员感知到外群体可能会对内群体成员造成伤害时，就会产生群际威胁感（Walter et al., 2009）。个体能体验到的相对剥夺感越高，群际的威胁感知越强（Halevy et al., 2010）。群际威胁强调的是个体对威胁的感知，而不是个体实际受到的威胁。群际威胁理论（intergroup threat theory, ITT）认为，不论威胁是否真实存在，只要个体感知到存在威胁的可能，就会对个体的行为产生真实的影响（Walter et al., 2009）。研究发现，相比个人主义文化下的个体，集体主义文化下的个体更加关注群体成员，也

更容易感受到来自外群体的威胁（Nelson，2009）。除在客观社会情境中长期逐渐形成的群际威胁感知，研究者也可以通过情境操纵的方式引发消费者的群际威胁感知（张书维，2013；郑鸽 等，2015）。本研究沿用了 Riek（2006）和张婍等（2009）对群际威胁的定义，拟进一步探索在品牌危机情境中的群际威胁感知。

## 4.2 群际威胁的类型

目前，在社会心理学领域针对群际威胁的研究成果很多，对群际威胁的分类也各不相同。最初，Stephan 等（2000）提出了整合威胁理论（integrated threat theory，ITT），将群际威胁分为现实威胁、象征威胁、群际焦虑以及消极刻板印象威胁。随后，在其后续的研究中将整合威胁模型中对群际威胁的分类归纳简化为现实威胁和象征威胁两种类型（Stephan and Renfro，2002）。其中，现实威胁是指个体感知到的可能对内群体政治、经济、物质等利益的威胁，如领域、安全、健康、财富等；而象征威胁主要指个体知觉到的、对群体价值、规范和信仰等方面的威胁，如传统文化、思想道德、社会规范等（Tam et al.，2007）。国内学者张婍等（2009）根据整合威胁理论、现实群体冲突理论以及象征种族主义理论等，将群际威胁分为现实威胁、文化威胁和认同威胁三类。现实威胁是指所有威胁到群体或群体成员现实利益的因素，包括政治权力、社会地位、经济利益和人身安全等；文化威胁的定义与国外学者对象征威胁的定义一致，指的是对群体成员的信念体系所构成的威胁，包括对群体成员宗教信仰、价值观、意识形态、道德观念、哲学主张及世界观的威胁，还包括尊严和荣誉的丧失；认同威胁的概念则由社会认同理论（Tajfel，1986）发展而来，也被称为群体自尊威胁（group esteem threat）（Riek et al.，2006），主要是指在群体间的社会比较过程中，当某一个外群体由于具有更高的社会地位或经济水平等而威胁到个体

所属内群体的自尊水平时，群体内的成员会将外群体视为影响内群体价值的威胁。

## 4.3 群际威胁的影响因素

首先，群体的相对地位是影响群际威胁感知的重要因素。依据群体地位，可以把群体划分为弱势地位群体和强势（或占支配）地位群体。由于历史和社会因素，弱势地位群体在与强势地位群体长期的互动过程中会产生强烈的群际威胁感。一般而言，由于常常受到强势地位群体的支配，弱势地位群体对威胁感知更加敏感。Stephan 等人（2009）的研究表明，处于弱势地位的种族或文化群体（如，美国的黑人）会从占支配地位群体那里感受到强烈的群际威胁。国内学者也有类似的发现，即低社会地位群体更容易感知到来自高地位群体的威胁（张建玲、赵玉芳，2012）。然而，这并不意味着强势地位群体对群际威胁的感知不敏感。由于拥有更多的资源、权力，强势地位群体有着强烈的防止资源流失的动机，因此，一旦他们体验到群际威胁，他们做出的反应（例如，群体偏见）会比弱势地位群体更加强烈（Johnson et al., 2005; Riek et al., 2006）。根据整合群际威胁模型，Pettigrew 和 Tropp（2006）通过元分析（meta-analysis）发现，群体地位、群体相似性以及群体刻板印象是决定群际威胁感知的前因变量。

其次，文化类型与文化维度会影响内群体对外群体的威胁感知。Nelson（2009）的研究发现，相对于个人主义，集体主义文化背景下的个体更关注群体成员，因而他们更容易感受到来自外群体的威胁；类似地，在权力距离感更高或不确定性回避倾向更高的文化背景中，群体成员更容易感知到来自外群体的威胁。另外，文化的松紧度（cultural tightness-looseness）也会对群际威胁感知造成影响，具体而言，相对于松文化，紧文化（或称"凝聚的文化"）更强调群体规范和价值观的内部一致性，从而对群体成员

偏差与偏离行为的宽容度更小，因此，处于紧文化中的群体更容易感受到群际威胁（Triandis，1989）。

再次，情境因素会影响到人们对群际威胁的感知，包括群体之间交往的背景与结构、历史遗留问题、群体规模、群际接触与互动等。相关研究表明，长期矛盾的群体间最容易感受到来自彼此的群际威胁（Shamir and Schifter，2006；Stephan et al.，2002）。尤其是当群体之间在社会道德、文化价值观层面具有较大的差异时，群际威胁感知会更加强烈（Zarate et al.，2004）。消极的群际接触会增强群体类别的凸显性，引致个体产生消极的群际态度，使得群际威胁感持续存在（Paolini et al.，2010）。因此，增加积极群际接触有助于促进群体成员之间的互动和交流，增进彼此了解的情感，有效减少消极刻板印象和群际威胁感（Mallett and Wilson，2010）。另外，与外群体相比，当内群体规模较小时，会对来自外群体的威胁感知更加强烈（Campbell，2006；Corneille et al.，2001）。相对于多数成员群体，少数成员群体持有更为消极的外群体态度和更多的外群体威胁感（Liebkind et al.，2004）。

最后，早期的威胁理论认为内群体认同度、与外群体接触的范围和类型、外群体知识等属于个体差异的变量，都与群际威胁感知有关。相对于群体认同度低的成员，群体认同度高的成员对外群体的威胁更敏感，反应也更强烈（Riek et al.，2006；Stephan et al.，2002）。如果内群体成员对外群体感到陌生，那么他们也会更容易感受到来自外群体的威胁（Chasteen，2005；Corenblum and Stephan，2001）。再者，个体自尊低的群体成员更容易感受到群际威胁，但个体自尊高的成员在感受到群际威胁后则会表现出更加厌恶的态度——因为他们有更强烈的保持良好自我形象的动机；而集体自尊的影响作用与个体自尊的影响有一定的区别，表现为集体自尊高的个体比集体自尊低的个体更关注自己的群体身份，从而也更容易感受到群际威胁（Baumeister et al.，1996）。另外，个体原有的消极经验也会影响他们对群体

关系的理解，例如个体原有的外群体厌恶感，会增加对外群体的消极评价和消极态度，也更容易产生威胁感（Hodson et al.，2012）。当个体感知或者体验到内群体受到不公平待遇时，很容易产生相对剥夺感，从而感知到内群体受到威胁，并会引发群际矛盾和侵犯。现有研究表明，当个体体验到较高的相对剥夺感时，群际竞争的可能性更大，群际之间的威胁感更强（Halevy et al.，2010）。

## 4.4 群际威胁的影响作用

Pettigrew 和 Tropp（2008）的研究表明，群际威胁会对个体的认知、情绪乃至行为等产生不可忽视的影响。

从认知层面来看，本土消费者为了维护自身及其所属群体成员的利益，会想尽办法表达并保持与内群体利益一致的态度和行为（Berger and Heath，2007），同时极力避免与竞争性外群体间的正向联系（White and Dahl，2007）。当内群体成员感知到来自外群体的群际威胁时，会对外群体产生更加消极的评价（Schmuck and Matthes，2015）。Stephan 等（2002）的研究发现，现实性威胁、象征性威胁和消极刻板印象可以显著预测外群体态度，尤其是外群体偏见。在群际威胁的情境下，个体对行为的归因也会发生变化——个体更倾向于将内群体的积极行为归因于内群体特质，将内群体的消极行为归因于外部环境因素；同时，更倾向于将外群体的积极行为归因于外部环境因素，将外群体的消极行为归因于外群体特质（Pettigrew，1979）。也有学者认为，对群际威胁的感知会使内群体成员产生消极的自我评价。例如，社会地位较低的内群体成员知觉到来自外群体的群际威胁后，内群体成员可能会降低内隐自我评价（王会娜 等，2017）。

在情绪层面，电生理学的研究表明，当个体体验到群体威胁时，其肌电（EMG）的活跃度增强，并产生愤怒的情绪体验（Davis and Stephan，

2011)。除此以外，群际威胁还会使内群体成员产生害怕、焦虑、厌恶、失望等消极的情绪体验（Stephan and Erker, 2010）。聚焦此问题进行更深入探讨的研究表明，群际威胁导致内群体产生的消极情绪会受到个人社会地位、归因以及社会认同等因素的调节。例如，相比高社会地位的群体成员，社会地位较低的内群体成员会感受到更强的群际威胁，并产生更多的消极情绪（Kamans et al., 2011）。从归因的角度看，当个体将群际威胁的根源归因于外群体内在特质时，内群体成员往往产生更强烈的消极情绪（Costarelli, 2007）。此外，群际威胁的类型不同，会使个体产生不同的消极情绪。具体而言，当内群体成员感知到来自外群体的现实威胁时，会产生愤怒、害怕等情绪（Cottrell and Neuberg, 2005），而当内群体成员感知到来自外群体的象征威胁时，会产生失望等消极情绪。

群际威胁通过对个体情绪和认知层面产生影响，进而对个体的行为产生影响。例如，群际威胁程度的加剧会导致群际歧视和群际冲突（Becker et al., 2011），引发内群体成员对外群体出现报复、回避、攻击等消极行为（Stephan et al., 2005）。群际威胁还可能导致个体对构成威胁的外群体产生敌意，但很多情况下，这种敌意及表达敌意的行为会指向更为弱小的、与威胁源无关的第三群体（Cadinu and Reggiori, 2002）。此外，群际威胁还可能导致内群体成员减少群际信任（Riek et al., 2010），进而减少对外群体的支持与帮助行为（Jackson and Esses, 2000; Cunningham and Platow, 2007），甚至导致外群体厌恶决策（张建玲、赵玉芳，2012）。即使感知到来自外群体成员的威胁已经过去一定时间，内群体仍然会表现出对外群体的帮助行为减少（李婷燕，2013）。虽然群际威胁会使个体对外群体成员产生消极行为，但也会增加个体对内群体的积极行为。例如，感知到来自外群体的群际威胁时，由于个体对群体归属的寻求，内群体成员可能会更遵从对内群体规范（Vaes and Wicklund, 2002）。

## 4.5 群际威胁相关研究简评

群际威胁理论作为社会心理学中的一个重要领域，其研究成果对于理解个体和群体间的复杂互动具有重要意义。本章节综述了群际威胁的概念内涵、类型、影响因素及其对个体认知、情绪和行为的影响，有助于系统理解群际威胁的形成机制及其影响作用。从 Stephan 等（2000）提出整合威胁理论到后续的简化分类，可以看出学者们对群际威胁分类的不断深化和精细化，现实威胁与象征威胁的区分为我们提供了理解个体如何感知和响应不同类型威胁的框架。国内学者张婍等（2009）的研究则进一步将群际威胁的概念本土化，增加了对文化威胁和认同威胁的探讨，这为理解特定文化背景下的群际威胁提供了新的视角。在群际威胁的影响作用方面，本章节的文献综述显示，群际威胁不仅影响个体的认知和情绪，还可能导致一系列消极的行为，如群际歧视和群际冲突。这些发现强调了群际威胁在社会冲突中的作用，同时也提示了减少群际威胁感知的重要性。未来的研究可以在此基础上进一步探讨不同文化和社会背景下群际威胁的表现形式与应对策略。

在商业领域尤其是品牌危机管理中，对群际威胁的研究逐渐受到重视。品牌危机可能引发消费者对品牌及其所代表群体的负面感知，从而触发群际威胁感。在品牌危机中，消费者可能会将品牌的行为或特征视为源自外群体的威胁，这种感知会让消费者对品牌产生负面情绪和行为反应。Du 等人（2018）的研究指出，在品牌危机中，消费者感知到的群际威胁会增加消费者对品牌的敌意和报复意图。此外，品牌危机引发的群际威胁还可能影响消费者的购买意愿和品牌忠诚度（Lee and Son, 2017）。基于此，本研究认为，群际威胁在品牌危机中的形成及影响是一个值得深入探究的领域，它有助于为品牌危机管理以及品牌危机溢出效应的应对提供新的思路。其中，

品牌身份在品牌危机中扮演着重要角色，本研究旨在深入探讨品牌身份（外国品牌 vs. 中国品牌）如何影响消费者对品牌危机的群际威胁感知，以及这种群际威胁感知是否会影响消费者对国货的偏好，从而为理解中国文化背景下消费者如何理解及应对外国品牌危机事件提供有价值的论据。

# 5

# 外国品牌危机对国产品牌的溢出效应

# 5 外国品牌危机对国产品牌的溢出效应

## 5.1 假设推导

### 5.1.1 外国品牌危机对消费者国货偏好的影响

随着我国经济体制改革不断深化以及经济全球化进程的加快，国与国之间的贸易壁垒逐步消除，交通运输日益便利，通信技术飞速进步，支付系统不断改善，极大地推动了商品在全球范围内的流通，更多消费者能够更便利地购买到其他国家的产品。过去，对于我国消费者而言，外国品牌尤其是源自发达国家品牌的产品往往被视为具有更高的质量，同时也由于其较高的全球声誉及定价，往往与更高的社会地位、时尚潮流等象征价值联系在一起。然而，近年来，随着网络的普及与自媒体的兴起，公众可以通过更多的渠道、更及时地接触到各类信息，社会监督力量也随之增强，外国品牌在生产经营中出现的产品质量缺陷或道德缺失等负面事件也在网络上相继被曝光，并迅速引发舆论关注。外国品牌危机事件的快速发酵，引发我国消费者对源自外国品牌及其产品质量与价值取向的重新审视。在此背景下，外国品牌危机事件所产生的溢出效应得到愈来愈多的关注。

溢出效应（spillover effect）通常是指一个主体的某一特征或行为，会影响到与该主体有一定关系但本身不具有这一特征或行为的其他主体的现象（Ahluwalia et al., 2000）。根据联想网络模型与可接近 – 可诊断模型（Feldman and Lynch, 1988），当消费者接触到某一品牌危机事件时，能够联想到其他相似或相关联的品牌与产品，并且会依据涉事品牌信息推断其他品牌行为，进而影响消费者对其他品牌产品的评价与购买意愿（Roehm and Tybout, 2006；方正 等，2013；吴剑琳、吕萍，2016）。因此，品牌危机事件的发生不仅会影响消费者对涉事品牌的态度与购买意愿（Griffin et al., 1991），还会对竞争品牌、整个行业或产品品类甚至国家品牌的整体形象产

生溢出效应（Goins and Gruca，2008；张璇、张红霞，2014；吴剑琳、吕萍，2016）。

如前所述，品牌危机溢出效应依据效价的不同可分为正面溢出效应（又称为对比效应）与负面溢出效应（又称为同化效应）（Roehm and Tybout，2006；Goins and Gruca，2008；费显政 等，2010）。Dahlén 和 Lange（2006）的研究指出，同化-对比效应理论可用于解释品牌危机事件向竞争品牌溢出的心理机制，并且能够同时解释传染效应与对比效应的产生。他们认为，接触品牌危机事件后，消费者在评价其他品牌尤其是竞争品牌时，会将它们与涉事品牌进行比较：如果两者共同点较多、相似度较高，消费者对其他品牌及其产品的评价会表现出同化效应，从而造成传染型外溢效应，对行业中其他品牌产生负面影响；反之，如果两者共同点很少、差异较大，消费者对其他品牌及其产品的评价则会表现出对比效应，从而造成对比型外溢效应，对行业中其他品牌产生正面影响（Gao et al.，2015）。王海忠等（2010）在研究中引入了社会比较理论中的选择通达机制，对同化-对比效应的产生做出了更深入的解释，即同化效应或对比效应的发生依赖于人们在评价之初采取的核心假设：如果人们在比较之初选择的是相似性检验，就会更多地关注比较对象之间的相似之处，而那些体现两者相似性的知识会被激活成为可通达的，最终导致同化效应的产生；相反，如果人们在比较之初选择的是相异性检验，就会更多地关注比较对象之间的不同之处，而那些体现两者差异性的知识就会被激活成为可通达的，最终引起对比效应的产生。

认知心理学领域的研究表明，为减轻认知负荷，个体总是试图把事物归类以便降低其复杂性，并且通常采用基于直觉的启发式系统对事物做出判断，从而在信息加工时很容易受到外在线索与刻板印象的影响（Kahneman and Frederick，2002）。在网络情境中，尤其是当消费者缺乏动机深入分析危机事件本身以及多个品牌之间的差异时，品牌来源国会成为其进行品牌分类与联想的主要线索（Magnusson et al.，2014；吴剑琳、吕萍，2016）。因此，

面对某一品牌的危机事件时，消费者会联想到源自相同原产国的其他品牌，并依据同化-对比效应模型，更倾向于对相同背景的品牌与产品采取相似性检验，从而促使传染效应产生。现有研究已表明，当品牌危机事件发生时，消费者会由于国别一致性更易联想到与涉事品牌同国别的品牌，因此，品牌危机事件通常会对同国别的其他品牌产生负面溢出效应（Borah and Tellis，2016；Magnusson et al.，2014；王夏 等，2021；吴剑琳、吕萍，2016）。Borah 和 Tellis（2016）的研究发现，在社交媒体中关于一个品牌的负面言论会增加同行业其他品牌的负面言论，并且这种效应在源于相同原产国的品牌之间更为显著。Magnusson 等（2014）学者提出并验证了某国具有代表性或典型性的品牌犯错（prototype brand transgression），会对该国的整体国家形象（品牌来源国形象）产生显著的负面影响，从而使消费者对该国品牌的整体态度下降。

反之，对于源自不同原产国的品牌，由于品牌之间关联性较弱，消费者更倾向于采取相异性检验，从而会更多地关注比较对象之间的不同之处，此时，那些体现两者差异性的知识就会被激活成为可通达的，涉事品牌危机事件更可能对非涉事品牌产生有利的对比效应。因此，品牌危机事件发生后，当消费者对涉事品牌所属国家品牌类别的整体评价大幅下跌时，消费者会表现出寻求其他替代产品的转换行为（靳明 等，2015），此时，由于对比效应的存在，选择他国品牌的同类产品作为替代品是消费者可行的品牌转换路径。

品牌危机事件的发生会在一定程度上冲击消费者的安全感，消费者会采取防御措施，例如支持自己所属的文化世界价值观进行防御（Solomon et al.，1991；Mikulincer et al.，2003；Liu and Smeester，2010）。其结果是消费者会更加认同自己所处的内群体，会更积极地去回应自己所属文化世界观之内的事物，消费者的爱国主义情绪被激活（Liu and Smeester，2010），与此同时也会更消极地回应自己文化世界观之外的事物（Harmon-Jones et al.，

1996)。因此当消费者的安全感受到冲击或威胁时，他们会更倾向于支持和选择国货而非外国产品（Liu and Smeester，2010；Friese and Hofmann，2008；Fransen et al.，2008；柳武妹 等，2014）。例如，不安全感升高的美国民众对支持美国价值观的人有着更高、更积极的评价（Rosenblatt et al.，1989）；而不安全感能够引发民众对与自己文化背景差异较大的外群体产生较高的反感情绪（Bassett and Connelly，2011）。在消费领域，从近年发生的外国品牌危机事件中也可观察到这些事件对消费者国货偏好的正向影响。当我国消费者发现耐克、阿迪达斯等品牌发布过抵制新疆棉的声明后，不仅积极声讨并主动抵制这类洋品牌，而且纷纷转向支持李宁、安踏等我国本土运动品牌，李宁、安踏等品牌的当季销售额同比涨幅均超过50%；类似地，当我国消费者了解到雅培奶粉的沙门氏菌污染事件后，转而购买我国飞鹤同价位奶粉，飞鹤奶粉天猫旗舰店当月销量提升近一倍。

综上所述，本研究推测：当外国品牌发生品牌危机事件时，由于传染效应，消费者对该国同类品牌的评价及购买意愿均有可能下降；反之，由于对比效应、消费者的民族情感以及在安全感受到冲击的情况下文化世界观防御机制被激活，他们更可能表现出用购买本国品牌的同类别产品来代替外国品牌产品的品牌转换行为，从而给本国品牌带来有利的影响。

$H1$：外国（vs. 我国）品牌危机事件会对我国消费者国货购买意愿产生正向影响。

## 5.1.2 外国品牌危机事件类型的影响

如前所述，品牌危机事件可依据事件性质分为能力主导型危机和道德主导型危机这两种类型（陶红、卫海英，2016）。前者主要体现为产品本身质量不合格或功能有缺陷导致消费者利益受损而引发的危机事件，例如，2019年奔驰发动机漏油事件、2021年的特斯拉刹车失灵事件、2022年雅培奶粉含沙门氏菌事件等；后者是指品牌违反道德标准或违背社会普遍认同的

价值观等所造成的社会或伦理道德事件，例如，2015 年大众汽车欺骗消费者的尾气排放数据造假事件、2020 年瑞幸咖啡财务造假事件、2021 年美妆品牌悦诗风吟的"漂绿"事件、2022 年 H&M 等品牌抵制新疆棉事件等。

消费者在面对不同类型的品牌危机事件（能力主导型 vs. 道德主导型）时会产生不同的反应，而消费者对同类品牌的看法是影响品牌危机事件溢出效应的内在逻辑（王夏 等，2021）。在现有研究中，对于不同类型品牌危机产生的溢出效应的差异，尚未形成统一结论。Hegner 等（2018）学者认为，由于能力主导型品牌危机涉及产品质量问题，有可能给消费者带来直接的伤害，而个人安全恰恰是人类最基本的需求，因此，与道德主导型品牌危机相比，能力主导型品牌危机会给消费者带来更强的负面影响，同时也会给其他品牌带来更强的溢出效应。然而，Baghi 和 Gabrielli（2019）的研究发现，具有集体主义文化的群体对道德主导型危机的反应比对能力主导型危机的反应更强烈。国内学者的研究结果也表明，由于道德主导型危机事件直接触犯了公众的道德标准和价值观，更易于让消费者感受到社会形象或社会尊重受到损害，因此，相对于能力主导型危机，道德主导型危机会导致更强的负面溢出效应（青平 等，2015）。

本研究聚焦于探讨被曝光的外国品牌危机事件对本国品牌潜在的溢出效应，并推测相对于能力主导型危机事件，外国品牌发生道德主导型危机事件会对我国品牌产生更强的正面溢出效应。

从事件可控性层面而言，能力主导型品牌危机事件通常涉及产品质量缺陷，消费者可能对品牌实现产品功能性利益的能力产生疑问（Pullig et al.，2006）。然而，能力与努力不同，努力是自身可控因素（Weiner，2006），而品牌的能力与品牌拥有的技能、人才、效率以及其所在国家的政策、经济、技术发展水平等因素相关（Fiske et al.，2002），在一定程度上，不完全受到品牌自身的影响。Weiner（1985）对影响事件成败的四个因素进行划分时，也将能力划分为不可控因素。因此，当品牌发生能力主导型危机后，消

费者可能基于能力的不可控，认为危机事件是品牌非主观和非故意的行为。依据印象线索诊断模型，信息的诊断性对消费者认知的影响至关重要，与诊断性较低的信息相比，诊断性较高的信息会对消费者的信息处理与判断产生更大的影响。相比能力失败，能力成功更具有信息诊断性，因为一般情况下，能力更强的公司才能克服诸多不可控因素的影响而表现出有能力的行为（Maher and Singhapakdi，2017）。消费者也更有可能表现出包容性。

道德主导型危机是由于品牌违背道德规则或社会伦理引发的，与品牌价值观高度相关，是其道德与价值取向的外化结果。德国哲学家康德曾表示，道德具有自主性，它受到人们内心法则的约束和控制，任何不道德的行为都可以归咎于行为者本身（胡学源，2021）。因此，相比品牌具备的能力，消费者更倾向于将品牌具备的道德与品牌的"自主意识"相关联（Ferrin et al.，2005），将其视作品牌内在的、长期稳定的特质（Puzakova et al.，2013），从而也就更倾向于认为品牌的不道德行为具有更强的主观故意意图、更不可原谅（Wojciszke et al.，1993）。因此，相对于技术相关的问题，道德层面的选择具有相对更强的可控性，并且道德失败比道德成功更具有信息诊断性。Liu 等（2018）学者的研究也曾表明，相比能力主导型品牌危机，道德主导型品牌危机的诊断性更强，消费者对道德主导型品牌危机的负面反应要强于对能力主导型品牌危机的负面反应。相关研究结果也表明，相对于品牌的能力问题，消费者通常对其道德问题更加关注也更加敏感，对其道德背叛更加愤怒（Haring et al.，2016），也更倾向于声讨、批判品牌的道德问题（李杨 等，2022；聂春艳 等，2023）。道德具有本质性，不道德行为的产生往往意味着品牌在本质上就是不道德的，道德主导型危机的发生通常会被消费者认为更具有品牌的内在动机，通常被认为具有可控性（刘建新、李东进，2021）。

此外，在道德主导型危机情境中，消费者的内在道德标准与价值取向会成为其注意力的焦点，尤其是当外国品牌的道德主导型危机事件被视为是对

本国文化、价值观或道德规则的漠视或挑衅时，消费者的民族意识与民族情感会被极大激发，从而更倾向于捍卫自己所属或所认同的文化价值观，同时表现出更强的内群体认同与内群体偏好。此时，与其文化价值观更一致或距离更近的本土品牌更容易得到消费者的关注、认可。

相关数据资料表明，当2021年抵制新疆棉花的事件发生时，我国消费者主张抵制H&M、耐克等外国品牌，这些品牌在中国的销量大幅下滑，与此同时，中国本土运动品牌如李宁、安踏等销量大幅上涨。2021年第二季度，李宁天猫旗舰店销售额同比上涨800%，安踏线下零售额较2020年同期上涨40%。但是当2019年3月奔驰汽车发生发动机漏油事件时，我国消费者却并未对其他德国汽车品牌表现出明显的抵制。据统计，2019年5月，与奔驰同样来自德国的汽车品牌宝马在中国的销量同比增长30.93%，虽然相比同年4月的环比销量下降，但同比仍然保持增长趋势，而我国本土汽车品牌的销售额却并未因此而大量提升。

综上所述，本研究推测，相对于能力主导型危机事件，外国品牌发生的道德主导型危机事件会对我国品牌产生更强的正面溢出效应。

H2：相比能力主导型危机，外国品牌的道德主导型危机会对我国消费者购买国货的意愿产生更强的正向影响。

## 5.1.3 群际威胁的中介作用

如前所述，群际威胁是指当内群体成员知觉到来自外群体的压力，尤其是当外群体可能给内群体成员造成伤害时，内群体成员所感知到的来自外群体的威胁（张婍等，2009；Andrighetto et al.，2012；Walter et al.，2009）。不论威胁是否真实存在，只要个体感知到群际威胁存在的可能，就会给个体的认知、情绪及行为带来一定的影响（Walter et al.，2009）。

在社会身份的关系化视角中，人们常以家族关系为基础向外推演社会关系，依据血缘、地缘、国家或民族等标准，明确区分出"自己人"和"外

人"。在经济全球化背景下,越来越多的品牌开始国际化拓展,其中既有走向外国市场的中国品牌,也有来开拓中国市场的外国品牌。对于在中国市场发展与竞争的这些品牌,我国消费者会以自我为参照,依据心理距离的亲疏远近,通常将本国品牌视为内群体成员,而将来到中国市场的外国品牌视作外群体成员。在社会情感层面,消费者基于本土文化背景,把自己与本土品牌都归结为国家的一部分,是"家人"的关系,从而认为彼此间应该互相支持,在一定程度上可以说是荣辱与共。在非危机情境下,消费者更聚焦于比较不同国别品牌在产品与服务层面的差异,并倾向于选择令其价值最大化或满意度最高的产品。然而,当品牌危机事件爆发后,消费者会聚焦于处理并解释危机事件及其原因,他们会基于当下所获取的信息对一些未获取的信息进行推断,进而产生消极或积极的反应。此时,相对于本土品牌被曝光的危机事件,外国品牌发生的危机事件更容易激发本土消费者认知上"内外有别"的深层逻辑,并令本土消费者感受到来自外群体的威胁。

不仅如此,不同类型危机事件对消费者群际威胁感知的影响也会有差异。首先,从负面信息诊断性的角度看,根据印象线索诊断模型,相比能力型负面信息,品牌道德型负面信息的诊断性更强（Maher and Singhapakdi,2017）。相对于能力主导型危机事件,当外国品牌发生道德主导型危机事件时,我国消费者更易于感知到外国品牌对我国道德准则、价值观、传统文化等方面的冒犯,并因此感知到外国品牌强烈的威胁性与侵犯性。换言之,外国品牌的道德主导型危机比能力主导型危机给我国消费者带来更强的群际威胁感知。其次,从危机是否为品牌蓄意行为及是否可控的角度看,归因理论认为在出现意外情况时,人们会倾向于寻找原因来对意外事件进行解释（Zhang and Yang, 2015）。当品牌危机发生后,相比不可控的非故意行为,当消费者认为危机事件在品牌的意志性可控范围内时,会认为危机事件是品牌的蓄意行为,并导致对品牌更低的评价和更低的宽恕意愿（陈斯允等,2020）。相对于品牌能力不足导致的危机事件,消费者更倾向于认为品

牌的不道德行为具有更强的主观故意意图、更不可原谅（Wojciszke et al.，1993）。因此，相对于对品牌能力问题的包容，消费者通常会对其道德问题更加关注也更加敏感，对其道德背叛更加愤怒（Haring et al.，2016），也更倾向于声讨、批判品牌的道德问题（李杨 等，2022；聂春艳 等，2023）。此外，群体道德与个人道德是相辅相成的，群体道德会对个人道德的塑造产生影响，个人道德之于群体道德也具有基础作用（黄启祥，2022）。相比能力主导型危机，我国消费者更倾向于认为道德主导型危机是外国品牌蓄意对我国道德准则、传统文化等的冒犯，由于群体道德和个人道德相辅相成，他们会进一步推测其品牌群体的道德缺失，由此会感知到更强的来自外国品牌的群际威胁。

根据群际威胁理论，当个体感知到来自外群体的群际威胁后，会对其行为产生影响。群际威胁会引发内群体成员对外群体的回避、报复等行为（Stephan et al.，2005），并由于归属需求，内群体成员对其所属的群体更加支持和遵从（Vaes and Wicklund，2002）。应用到本研究中，当消费者感知到来自外国品牌的群际威胁后，会引发我国消费者对本土品牌的支持，在消费选择时更加倾向于购买本土品牌。

综上所述，本研究推测，当外国品牌发生危机事件时，根据群际威胁理论，消费者会感知到来自外群体的威胁。由于道德主导型危机通常被认为比能力主导型危机事件的诊断性更强，且在归因层面被认为更具主观意图、更有故意性，因此，相对于能力主导型危机，道德主导型危机会使消费者感到更强烈的群际威胁，进而表现出更强烈的内群体认同与内群体偏好，从而更加支持我国本土品牌，对本土品牌产品产生更强的购买意愿。

H3：危机事件涉事品牌国别（外国 vs. 本国）通过消费者群际威胁感知的中介作用，对其国货购买意愿产生影响。

H4：外国品牌危机事件类型（能力主导型 vs. 道德主导型）通过消费者群际威胁感知的中介作用，对其国货购买意愿产生影响。

## 5.2 研究一：涉事品牌国别的影响及其作用机制

研究一的主要目的是用消费行为实验法严谨检验危机涉事品牌的国别身份作为一种凸显的外部线索对消费者国货购买意愿可能产生的影响及其潜在的心理作用机制。研究一共包含两项实验，即实验1a与实验1b。实验1a延续以往研究中较普遍的品牌危机溢出效应刻画方式，在阅读品牌危机事件材料前与阅读危机事件材料后分别设置一次对同行其他品牌（同行竞争品牌）产品的评价，通过比较两次测量值的差异以评估溢出效应及其效价，但这种方式的局限之处在于，重复测量的方式通常会使被试猜测到实验目的；实验1b则设置非危机事件组作为参照，因而被试只需对标的物进行一次评价，通过比较组间差异，来评估品牌危机事件的溢出效应，以尽可能避免被试猜测到实验目的。

### 5.2.1 实验1a

#### 5.2.1.1 研究设计

研究采用组间因子设计，共设置两个实验组即外国品牌组和国产品牌组。本项研究通过见数平台（Credamo）收集数据，共收集到90名被试提供的数据，剔除其中答题时间过短的3名被试数据，最终样本包含由87名被试提供的数据（详细信息见表5.1）。

表5.1 实验1a样本描述性统计信息

| 项目 | 类别 | 样本数 | 占比（%） |
| --- | --- | --- | --- |
| 性别 | 男 | 36 | 41.4 |
|  | 女 | 51 | 58.6 |

续表

| 项目 | 类别 | 样本数 | 占比（%） |
|---|---|---|---|
| 年龄 | 25岁及以下 | 29 | 33.3 |
| | 26-30岁 | 50 | 57.5 |
| | 31-35岁 | 7 | 8.1 |
| | 36-40岁 | 1 | 1.1 |
| | 40岁以上 | 0 | 0.0 |
| 教育背景 | 大专及以下 | 10 | 11.5 |
| | 本科 | 77 | 88.5 |
| | 硕士研究生 | 0 | 0.0 |
| | 博士研究生 | 0 | 0.0 |
| 月收入水平 | 5 000元及以下 | 31 | 35.6 |
| | 5 001-10 000元 | 42 | 48.3 |
| | 10 001-15 000元 | 10 | 11.5 |
| | 15 000元以上 | 4 | 4.6 |

实验采用的刺激物是酸奶这一常见的消费品类型。所有被试通过随机分配进入两个实验组的其中一组。首先，两组被试均会看到关于某国产品牌（虚拟品牌：优佳）酸奶的文字与图片介绍，并在阅读完相关材料后指出对该产品的购买意愿（第一次评价）。然后，被试阅读到另一乳制品品牌近期被曝光的危机事件，同时接受实验对危机品牌国别的操控：外国品牌组被试通过文字与图片了解到日本的某品牌酸奶的相关介绍，而本国品牌组被试了解到的则是本土某品牌酸奶的相关介绍。为避免真实品牌相关因素产生的干扰，实验中采用的是虚拟品牌名称（牧之源），除品牌国别信息外，两组被试所看到的品牌及产品信息（包括文字介绍与图片）是完全一致的。然后，被试阅读到该品牌酸奶被曝光的危机事件信息，主要材料为"经权威机构检测，牧之源品牌酸奶中酵母菌含量高达6 000CFU/g，超过国家规定的标准值60倍。饮用酵母菌超标的酸奶，会刺激人的消化道，进而导致肠

胃功能紊乱、胃痛等症状，严重的还会引发皮肤、呼吸道、消化道黏膜等方面疾病"。了解危机事件信息后，被试需要对危机事件真实性、严重性、事件类型以及与自身关联性等多个方面做出评价。其次，被试需要再次指出对国产品牌（优佳）酸奶的购买意愿（第二次评价）。最后，被试填写人口统计相关信息以及对实验目的的推测，并在实验结束后领取相应的报酬。

实验中主要变量的测量均参考前人在研究中开发或使用的权威量表且经过预测试的充分检验，并且均采用七点式李卡特量表（1=非常不同意，7=非常同意）。参考现有研究常用的方法（Roehm and Tybout，2006；方正等，2013），重复测量被试对非涉事品牌的态度，用阅读危机事件前后两次测量值的差距作为对溢出效应的刻画（若该值为正/负，表明消费者对非涉事品牌的态度下降/提升，出现传染型/对比型溢出效应），其中，对品牌态度的测量包含"非常负面/非常正面""不喜欢/喜欢""不吸引/吸引""不值得要/值得要""不想购买该产品/想要购买该产品"等五个题项（Cronbach' $\alpha=0.83$）。在本项研究中，群际威胁特指我国消费者所感受到的来自外国品牌的威胁，量表主要参考 Pauketat 等（2020）在研究中采用的量表，经过专家商议修订以及预测试的检验，最终的量表包含"我感受到来自外国品牌的威胁""我感受到来自外国品牌的冒犯""我感受到来自外国品牌的敌意""我感受到来自外国品牌的轻视""我感受到来自外国品牌的尊重（反向问题）"等五个题项（Cronbach' $\alpha=0.87$）。感知危机事件严重性的测量项目来源于 Dawar 和 Pillutla（2000）、Siomkos 和 Kurzbard（1994）的研究，包括"我认为这起危机事件危害性大""我认为这起危机事件有严重的负面影响"两个题项（Cronbach' $\alpha=0.90$）。此外，分别采用一个条目测量危机事件信息的可信度、影响广度以及与消费者的关联度。

### 5.2.1.2 研究结果

总体而言，被试普遍认为危机事件是真实可信的（$M=5.50$，$SD=$

0.83),且危机事件性质较为严重($M = 5.72$,$SD = 1.08$)、影响范围较广($M = 6.01$,$SD = 0.84$)并且与自身关联度较高($M = 4.97$,$SD = 1.32$)。

在操控检验得到支持的基础上,首先以危机品牌国别作为自变量,消费者国货偏好(品牌态度)作为因变量,危机事件严重性、影响广度以及与消费者的关联性作为控制变量进行方差分析。结果表明,在充分考虑危机事件严重性 [$F(1, 82) = 6.22$,$p = 0.02$]、影响广度 [$F(1, 82) = 2.36$,$p = 0.13$] 以及与消费者关联度 [$F(1, 82) = 0.15$,$p = 0.70$] 等因素的影响后,危机品牌国别对消费者国货偏好具有显著影响 [$\Delta M_{本国品牌危机} = 0.66$ vs. $\Delta M_{外国品牌危机} = -0.56$,$F(1, 82) = 32.59$,$p < 0.001$]。具体而言,当本国品牌发生危机事件时,消费者对本国其他同行品牌的态度也显著下降($\Delta M = 0.66$),换言之,本国品牌危机事件对其他国产品牌产生了负面溢出效应(传染效应);反之,当外国品牌发生危机事件时,消费者对本国品牌的态度显著提升($\Delta M = -0.56$),换言之,外国品牌危机事件使消费者对国货的态度改善,对国产品牌产生了正面溢出效应(对比效应)。故此,$H1$ 得到有力支持。

然后,以危机品牌国别作为自变量、消费者群际威胁感知作为因变量进行方差分析。结果表明,危机品牌国别对消费者群际威胁感知具有显著影响 [$M_{本国品牌危机} = 3.54$ vs. $M_{外国品牌危机} = 4.75$,$F(1, 85) = 36.56$,$p < 0.001$]。同时,线性回归分析结果表明,消费者群际威胁感知对其国货偏好具有显著的正向影响 [$t(87) = 2.07$,$p = 0.04$]。在此基础上,以危机品牌国别作为自变量、消费者群际威胁感知作为中介变量、消费者国货偏好作为因变量,采用 Bootstrapping 方法进行中介效应检验(Hayes,2013),选择模型 4,基于 5 000 次抽样的重复测试结果表明,消费者群际威胁感知的间接效应大小为 0.58($SE = 0.16$),95% 的置信区间为 [0.29, 0.92],该区间不包含 0,表示中介效应显著,即危机品牌国别通过影响消费者群际威胁感知进而对其国货偏好产生影响。故此,$H3$ 也得到支持。

## 5.2.2 实验1b

### 5.2.2.1 研究设计

实验1b采用组间因子设计,共设置两个实验组(危机品牌国别:外国品牌 vs. 我国品牌)。鉴于实验1a中重复测量的方式令较大比例的被试($N=52$,约60%)较准确地推测出了实验目的,实验1b改用单次产品评价的方式,同时设置没有危机事件发生的情境作为参照组,以此甄别外国品牌危机事件对我国品牌可能产生的溢出效应及其效价。

本项研究通过见数平台(Credamo)收集数据,剔除其中答题时间过短或过长以及在反向问题选择上出现矛盾的7名被试数据,最终样本包含由103名被试提供的数据。其中,约45.6%的被试为男性,平均年龄是29岁,89.3%的被试月收入在1万元以下(详细信息见表5.2)。

表5.2 实验1b样本描述性统计信息

| 项目 | 类别 | 样本数 | 占比(%) |
| --- | --- | --- | --- |
| 性别 | 男 | 47 | 45.6 |
|  | 女 | 56 | 54.4 |
| 年龄 | 25岁及以下 | 29 | 28.2 |
|  | 26~30岁 | 58 | 56.3 |
|  | 31~35岁 | 14 | 13.6 |
|  | 36~40岁 | 2 | 1.9 |
|  | 40岁以上 | 0 | 0.0 |
| 教育背景 | 大专及以下 | 11 | 10.7 |
|  | 本科 | 88 | 85.4 |
|  | 硕士研究生 | 4 | 3.9 |
|  | 博士研究生 | 0 | 0.0 |

续表

| 项目 | 类别 | 样本数 | 占比（%） |
|---|---|---|---|
| 月收入水平 | 5 000元及以下 | 21 | 20.4 |
|  | 5 001~10 000元 | 71 | 68.9 |
|  | 10 001~15 000元 | 7 | 6.8 |
|  | 15 000元以上 | 4 | 3.9 |

实验1b采用的刺激物与实验1a相同，仍然是酸奶这一常见的消费品类型。所有被试通过随机分配进入两个实验组的其中一组。其中，外国品牌组被试通过文字与图片了解到新西兰的某品牌酸奶的相关介绍，而本国品牌组被试了解到的则是本土某品牌酸奶的相关介绍。为避免真实品牌相关因素产生的干扰，实验中采用的是虚拟品牌名称，除品牌国别信息外，两组被试所看到的品牌及产品信息（包括文字介绍与图片）是完全一致的。然后，被试阅读到该品牌酸奶被曝光的危机事件信息，主要材料为"该品牌酸奶在抽检过程中被发现霉菌严重超标，若食用易对人体肝脏、肾脏及大脑神经系统造成不可逆的损害，若长期食用还易导致慢性中毒和癌症；事件涉及该品牌12批次酸奶，总量约5万瓶，被监管部门责令全部召回并销毁"。危机事件材料改编自真实事件，并经过预测试检验。在阅读危机事件后，被试需要对事件可信度、严重性、影响广度以及与自己的关联度等多个方面做出评价。其后，被试了解到另一个国产品牌酸奶的相关信息，并指出对该产品的购买意愿，同时完成更广泛意义上对本土品牌偏好的测量。非危机事件组被试则是在阅读一条新闻报道后，直接进入最后的产品购买意愿评价环节。最后，被试填写人口统计相关信息，并在实验结束后领取相应的报酬。

实验1b中主要变量的测量均参考前人在研究中开发或使用的权威量表且经过预测试的充分检验，并且均采用七点式李卡特量表（1=非常不同意，7=非常同意）。略微有别于实验1a聚焦于品牌态度层面的刻画，实验

1b 通过直接测量危机事件发生后消费者对本土品牌类似产品的购买意愿来刻画消费者对国货的偏好，量表包含"我非常喜欢该产品""对我而言，该产品非常具有吸引力""我认为该产品非常值得我购买""我非常想要购买该产品"四个题项（Cronbach'$\alpha$ = 0.92）。作为补充，实验中也同时测量了更宽范畴的消费者对本土品牌产品整体的偏好，通过"我非常喜欢本国品牌生产的产品""我非常想要购买本国品牌生产的产品""我对本国品牌生产的产品很有好感"等三个题项进行测量（黄海洋 等，2021；Cronbach'$\alpha$ = 0.84）。此外，在本项研究中，群际威胁感知、危机事件严重性、危机事件信息可信度以及与消费者的关联度等变量的策略与实验1a中采用的量表保持一致。

### 5.2.2.2 研究结果

总体而言，被试普遍认为危机事件是真实可信的（$M = 5.83$, $SD = 0.81$），且危机事件较为严重（$M = 6.05$, $SD = 0.72$）、影响范围较广（$M = 6.11$, $SD = 0.74$）并且与自身关联度较高（$M = 5.76$, $SD = 0.92$）。相对于实验1a，实验1b中仅有较少的被试（约31%）准确猜测到了实验目的。

针对暴露于品牌危机的两个实验组，在操控检验得到支持的基础上，首先以危机品牌国别作为自变量，消费者对特定产品类型（酸奶）的国货购买意愿为因变量，危机事件严重性、影响广度以及与消费者的关联性作为控制变量进行方差分析。结果表明，在充分考虑危机事件严重性 [$F(1, 63) = 4.58$, $p = 0.04$]、影响广度 [$F(1, 63) = 0.49$, $p = 0.49$] 以及与消费者关联度 [$F(1, 63) = 0.02$, $p = 0.90$] 等因素的影响后，危机品牌国别对消费者国货购买意愿具有显著影响。具体而言（如图5.1），相对于国产品牌发生的危机事件，消费者在了解到外国品牌发生的危机事件后表现出显著更高的国货购买意愿 [$M_{本国品牌危机} = 4.51$ vs. $M_{外国品牌危机} = 5.72$, $F(1, 63) = 32.82$, $p < 0.001$]。以非危机事件情境组作为参照，对比结果表明，外国品牌危机事件对消费者国货购买意愿产生了积极的影响 [$M_{外国品牌危机} =$

5.72 vs. $M_{非危机}$ = 5.11,$\Delta M$ = 0.61,$F(1, 66)$ = 9.50,$p$ = 0.003〕,而本国品牌危机事件则对消费者国货购买意愿产生了消极的影响〔$M_{本国品牌危机}$ = 4.51 vs. $M_{非危机}$ = 5.11,$\Delta M$ = −0.60,$F(1, 68)$ = 5.76,$p$ = 0.02〕。故此,$H1$ 再次得到有力支持。

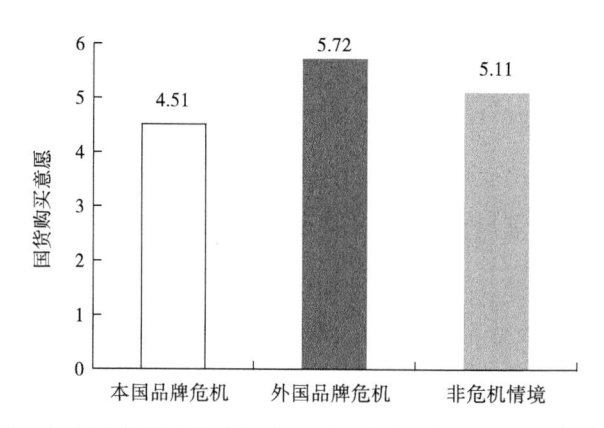

图 5.1 不同国别品牌危机事件对消费者国货购买意愿的影响

此外,以更宽范畴的消费者国货购买意愿作为因变量进行方差分析,结果表明,危机品牌国别对消费者国货整体购买意愿仍然具有显著影响。具体而言,相对于国产品牌发生的危机事件,消费者在了解到外国品牌发生的危机事件后表现出显著更高的对国货整体(非特定品类)的购买意愿〔$M_{本国品牌危机}$ = 4.75 vs. $M_{外国品牌危机}$ = 5.48,$F(1, 63)$ = 10.26,$p$ = 0.002〕。以非危机事件情境组作为参照,对比结果表明,本国品牌危机事件则对消费者国货整体购买意愿产生了消极的影响〔$M_{本国品牌危机}$ = 4.75 vs. $M_{非危机}$ = 5.24,$\Delta M$ = −0.49,$F(1, 68)$ = 3.69,$p$ = 0.06〕,而单一外国品牌危机事件对消费者国货整体购买意愿的影响则不显著〔$M_{外国品牌危机}$ = 5.48 vs. $M_{非危机}$ = 5.24,$\Delta M$ = 0.24,$F(1, 66)$ = 0.85,$p$ = 0.36〕。

然后,以危机品牌国别作为自变量、消费者群际威胁感知作为因变量进行方差分析。结果表明,危机品牌国别〔$M_{本国品牌危机}$ = 3.81 vs. $M_{外国品牌危机}$ =

5.19，$F(1, 66) = 34.47$，$p<0.001$]对消费者群际威胁感知具有显著影响。同时，线性回归分析结果表明，消费者群际威胁感知对其国货购买意愿具有显著的正向影响[$t(66) = 13.11$，$p<0.001$]。在此基础上，以危机品牌国别作为自变量、群际威胁感知作为中介变量、消费者国货购买意愿作为因变量，采用Bootstrapping方法进行中介效应检验（Hayes，2013），选择模型4，基于5 000样本量的重复测试结果表明，消费者群际威胁感知的间接效应大小为1.01（SE=0.21），95%置信区间为[0.65, 1.46]，该区间不包含0，表示中介效应显著，即危机品牌国别通过影响消费者的群际威胁感知进而对其国货购买意愿产生影响。故此，H3也得到支持。

### 5.2.2.3 讨论

与以往的研究结果一致（Borah and Tellis，2016；韩冰、王良燕，2017；王新刚 等，2017），研究一的两项实验结果均一致表明，由于品牌来源国一致性，品牌危机事件极易对同国别品牌产生负面溢出效应（传染效应），因此，国产品牌应高度警惕同国别其他同行品牌被曝光的危机事件。反之，外国品牌被曝光的危机事件则对消费者国货购买意愿具有显著的正向影响，即对我国品牌产生正面溢出效应（对比效应）。因此，在市场竞争中，外国品牌发生危机事件的时间点有可能成为国产品牌弯道超车、抢占市场份额的契机，国产品牌应具有足够的市场敏感性，在这一特殊时期加大营销投入、增强品牌曝光有可能达到事半功倍的效果。在本项研究结果的基础上，接下来的研究旨在继续深入探索品牌危机事件类别对消费者国货购买意愿可能产生的不同影响及其潜在的中介作用机制。

## 5.3 研究二：外国品牌危机事件类型的影响及其作用机制

### 5.3.1 预实验

本项预实验（预实验1）的主要目的是对护肤乳这个产品品类检验不同类型危机事件刺激材料的有效性。依照实验流程，被试随机分配进入两个不同的组别，即能力主导型危机事件组或道德主导型危机事件组。能力主导型危机事件组被试阅读到的信息为某虚拟品牌保湿乳中甲基异噻唑啉酮与其他化学混合物的浓度比例超过国家规定值1.8倍，使用此类护肤品会对人体肌肤造成刺激，皮肤出现过敏红肿、起泡、皲裂、刺痛等症状，严重的还会导致皮肤溃烂；道德主导型危机事件组被试阅读到的信息为该虚拟品牌在与社交媒体平台的广告沟通与宣传推广中存在恶搞中国传统文化经典人物形象、不尊重中国传统文化的行为。在阅读相应材料后，被试需对危机事件类型做出评价。借鉴学者Hardell-Illgen（2015）的研究，对品牌危机事件类型评判的测量量表包含"我认为该品牌存在的问题与产品质量高度相关""我认为该品牌存在的问题反映了其产品质量存在缺陷"两个能力主导型危机相关题项（Cronbach' $\alpha = 0.83$），以及"我认为该品牌存在的问题与品牌道德高度相关""我认为该品牌存在的问题反映了品牌对道德准则与文化价值观的背离"两个道德主导型危机相关题项（Cronbach' $\alpha = 0.96$）。

预实验1广泛招募本科生被试并收集样本数据，最终的样本数据来自60名被试。其中，男性被试占比38.3%。方差分析结果表明，被试能够准确区分危机事件材料体现的危机类型：能力主导型危机组被试普遍认为危机事件是由于品牌能力方面的问题导致的 [$M_{能力主导型} = 6.06$ vs. $M_{道德主导型} =$

3.32，$F(1, 58) = 61.52, p<0.001$]，而道德主导型危机组被试则认为危机事件是由于品牌方道德方面的问题导致的 [$M_{能力主导型} = 3.02$ vs. $M_{道德主导型} = 5.95, F(1, 58) = 56.27, p<0.001$]。除此以外，被试对两则危机事件严重程度 [$M_{能力主导型} = 5.87$ vs. $M_{道德主导型} = 5.90, F(1, 58) = 0.03, p = 0.87$]、影响范围 [$M_{能力主导型} = 5.74$ vs. $M_{道德主导型} = 5.77, F(1, 58) = 0.01, p = 0.92$] 以及与自身关联度 [$M_{能力主导型} = 5.13$ vs. $M_{道德主导型} = 5.23, F(1, 58) = 0.09, p = 0.77$] 的评价无显著差异。因此，两则危机事件材料可用于主实验。

### 5.3.2 研究设计

研究二的主要目的，一是变换产品类型以及危机事件情境以检验研究一结果的稳定性，二是通过消费行为实验法严谨检验外国品牌危机事件类型对消费者国货购买意愿的潜在影响及其心理作用机制。研究采用2（危机品牌国别：外国品牌 vs. 我国品牌）×2（品牌危机事件类型：能力主导型危机事件 vs. 道德主导型危机事件）的组间因子设计，同时设置没有接触危机事件的情境作为参照组。

本项研究通过见数平台（Credamo）收集数据，剔除其中答题时间过短以及在反向测试问题上表现较差的4名被试，最终样本包含由156名被试提供的数据。其中，45.30%的被试为男性，平均年龄是28岁，75.21%的被试月收入在1万元以下（详见表5.3）。

表5.3 研究二样本描述性统计信息

| 项目 | 类别 | 样本数 | 占比（%） |
| --- | --- | --- | --- |
| 性别 | 男 | 69 | 44.2 |
|  | 女 | 87 | 55.8 |
| 年龄 | 25岁及以下 | 52 | 33.4 |
|  | 26~30岁 | 48 | 30.8 |
|  | 31~35岁 | 33 | 21.1 |

续表

| 项目 | 类别 | 样本数 | 占比（%） |
|---|---|---|---|
| 年龄 | 36~40岁 | 8 | 5.1 |
|  | 40岁以上 | 15 | 9.6 |
| 教育背景 | 大专及以下 | 15 | 9.6 |
|  | 本科 | 107 | 68.6 |
|  | 硕士研究生 | 26 | 16.7 |
|  | 博士研究生 | 8 | 5.1 |
| 月收入水平 | 5 000元及以下 | 31 | 19.9 |
|  | 5 001~10 000元 | 82 | 52.6 |
|  | 10 001~15 000元 | 32 | 20.5 |
|  | 15 000元以上 | 11 | 7.0 |

实验采用的刺激物是护肤品这一常见的日用消费品。依据实验流程，所有被试通过随机分配进入不同的实验组别。首先，实验对危机品牌国别进行操控，外国品牌组被试阅读到的是源自法国的护肤品牌及其产品的相关介绍，而本国品牌组被试阅读到的则是本土护肤品牌及其产品的相关介绍。为避免真实品牌相关因素产生的干扰，实验采用的是虚拟品牌名称（诺薇），除品牌国别信息外，两组被试看到的品牌及产品信息（包括文字介绍与图片）是完全一致的。其次，被试接受有关品牌危机事件类型的操控，能力主导型危机组被试阅读到的材料为"诺薇品牌保湿乳在国家药监局的抽检中被认定为不合格，主要原因在于该品牌生产技术与工艺中存在一定的问题，导致其保湿乳中甲基异噻唑啉酮与其他化学混合物的浓度比例超过国家规定0.01%限制的1.8倍。护肤品中甲基异噻唑啉酮超标会对人体肌肤造成刺激，易导致皮肤出现过敏红肿、起泡、皲裂、刺痛等症状。"道德主导型危机组被试阅读到的材料为"诺薇品牌保湿乳在某社交媒体平台进行宣传推广时存在恶搞中国传统文化经典人物——嫦娥，不尊重中国传统文化的行为，

引发网友的争议与声讨。"了解危机事件信息后，被试需要对危机事件的真实性、严重性、事件类型以及与自身关联性等多个方面做出评价。再次，被试了解到另一个国产品牌保湿乳的相关信息，并指出对该产品的购买意愿。而非危机事件组被试则是在阅读一条新闻报道后直接进入最后的产品购买意愿评价环节。最后，被试填写人口统计相关信息，并在实验结束后领取相应的报酬。

本项实验中主要变量的测量均采用七点式李卡特量表（1=非常不同意，7=非常同意）。国货购买意愿、群际威胁感知、危机事件严重性等主要变量的测量与研究一保持一致。危机事件类型的测量与预实验1中采用的量表一致。此外，本项研究增加了对消费者民族中心主义这一控制变量的测量，采用 Klein 等（2006）、黄海洋等（2021）在 Shimp 和 Sharma（1987）编制的 CETSCALE 基础上提炼的六题项量表，题项包括"相比外国产品，我总是优先考虑购买中国产品""真正的中国人应该经常购买中国产品"等（Cronbach'$\alpha$=0.90）。

### 5.3.3 研究结果

对于品牌危机事件类型的操控检验结果表明，能力主导型危机组被试认为危机事件是由品牌能力问题导致的[$M_{能力主导型}$ = 5.37 vs. $M_{道德主导型}$ = 3.48，$F(1, 126) = 69.01$，$p<0.001$]，而道德主导型危机组被试则认为危机事件是由于品牌方道德缺失导致的[$M_{能力主导型}$ = 3.51 vs. $M_{道德主导型}$ = 6.39，$F(1, 126) = 208.38$，$p<0.001$]。被试普遍认为危机事件真实可信[$M = 5.84$，$SD = 0.80$；$M_{能力主导型}$ = 5.84 vs. $M_{道德主导型}$ = 5.85，$F(1, 126) = 0.14$，$p = 0.91$]，且危机事件较为严重[$M = 6.06$，$SD = 0.90$；$M_{能力主导型}$ = 6.03 vs. $M_{道德主导型}$ = 6.08，$F(1, 126) = 0.11$，$p = 0.75$]、影响范围较广[$M = 5.88$，$SD = 0.87$；$M_{能力主导型}$ = 5.78 vs. $M_{道德主导型}$ = 5.98，$F(1, 126) = 1.83$，$p = 0.18$]、与自身关联度较高[$M = 5.45$，$SD = 1.18$；$M_{能力主导型}$ = 5.52

vs. $M_{道德主导型}$ = 5.36，$F(1, 126) = 0.60$，$p = 0.44$]，能力主导型危机组被试与道德主导型危机组被试对以上的感知并无显著差异。

在操控检验得到支持的基础上，以危机品牌国别、危机事件类型以及两者的交互项作为自变量，危机事件严重性、影响广度及其与消费者关联度作为控制变量，消费者国货购买意愿作为因变量进行方差分析。结果表明，在充分考虑危机事件严重性［$F(1, 118) = 1.21$，$p = 0.27$］、影响广度［$F(1, 118) = 0.03$，$p = 0.86$) 与消费者关联度［$F(1, 118) = 0.13$，$p = 0.72$］以及消费者民族中心主义［$F(1, 118) = 10.05$，$p < 0.001$］等因素的影响后，危机品牌国别［$M_{本国品牌危机}$ = 4.00 vs. $M_{外国品牌危机}$ = 5.55，$F(1, 118) = 136.43$，$p < 0.001$］、危机事件类型［$M_{能力主导型}$ = 4.65 vs. $M_{道德主导型}$ = 4.93，$F(1, 118) = 4.81$，$p = 0.03$］以及两者的交互［$F(1, 118) = 8.83$，$p = 0.004$］均对消费者国货购买意愿具有显著影响。

具体而言，相对于国产品牌发生的危机事件，消费者在了解到外国品牌发生的危机事件后表现出显著更高的国货购买意愿［$M_{本国品牌危机}$ = 4.00 vs. $M_{外国品牌危机}$ = 5.55，$F(1, 118) = 136.43$，$p < 0.001$］。以非危机事件情境组作为参照，比较结果表明，外国品牌危机事件对消费者国货购买意愿产生了积极的影响［$M_{外国品牌危机}$ = 5.55 vs. $M_{非危机}$ = 4.71，$\Delta M = 0.84$，$F(1, 92) = 21.80$，$p < 0.001$］，而本国品牌危机事件则对消费者国货购买意愿产生了消极的影响［$M_{本国品牌危机}$ = 4.00 vs. $M_{非危机}$ = 4.71，$\Delta M = -0.71$，$F(1, 90) = 14.91$，$p < 0.001$］。故此，H1再次得到有力支持。

在外国品牌发生危机事件的情境中，危机事件类型对消费者国货购买意愿具有显著影响（如图5.2所示）：相对于能力主导型危机事件，外国品牌被曝光的道德主导型危机事件对消费者国货购买意愿具有更积极的影响［$M_{能力主导型危机}$ = 5.23 vs. $M_{道德主导型危机}$ = 5.88，$F(1, 62) = 14.57$，$p < 0.001$］；故此，H2得到有力支持。然而，在本国品牌发生危机事件的情境中，危机事件类型对消费者国货购买意愿并未产生显著影响［$M_{能力主导型危机}$ = 4.07 vs.

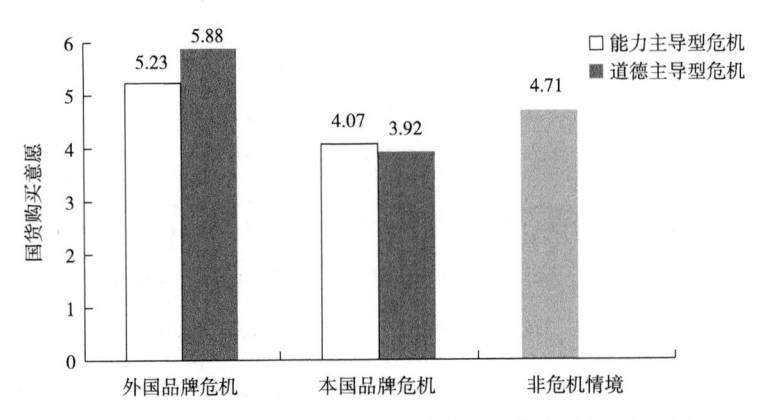

$M_{道德主导型危机} = 3.92$，$F(1, 60) = 0.57$，$p = 0.45$）。

**图 5.2  不同国别品牌危机事件对消费者国货购买意愿的影响**

针对外国品牌危机事件情境，以品牌危机事件类型作为自变量、消费者群际威胁感知作为因变量进行方差分析，结果表明，品牌危机事件类型 [$M_{能力主导型危机} = 5.05$ vs. $M_{道德主导型危机} = 5.66$，$F(1, 62) = 4.38$，$p = 0.04$] 对消费者群际威胁感知具有显著影响。同时，线性回归分析结果表明，消费者群际威胁感知对其国货购买意愿具有显著的正向影响 [$t(62) = 10.85$，$p < 0.001$]。在此基础上，以危机品牌国别作为自变量、群际威胁感知作为中介变量、消费者国货购买意愿作为因变量，采用 Bootstrapping 方法进行中介效应检验（Hayes，2013），选择模型 4，基于 5 000 样本量的重复测试结果表明，消费者群际威胁感知的间接效应为 0.27（SE = 0.13），95%置信区间为 [0.03, 0.53]，该区间不包含 0，表示中介效应显著，即外国品牌危机事件类型通过影响消费者的群际威胁感知进而对其国货购买意愿产生影响。故此，H4 也得到支持。然而，针对本国品牌危机事件情境，以品牌危机事件类型作为自变量、消费者群际威胁感知作为因变量进行方差分析，结果表明，品牌危机事件类型 [$M_{能力主导型危机} = 3.45$ vs. $M_{道德主导型危机} = 3.55$，$F(1, 60) = 0.17$，$p = 0.69$] 对消费者群际威胁感知不存在显著影响。

## 5.3.4 讨论

研究二的结果再次表明,国产品牌应高度警惕同国别其他同行品牌被曝光的危机事件,由于品牌来源国一致性,不管是能力主导型危机事件还是道德主导型危机事件,均有可能引发负面溢出效应,即传染效应。反之,外国品牌危机事件则会对我国品牌产生正向溢出效应,即对比效应;而且相对于能力主导型危机事件,外国品牌发生的道德主导型危机事件会对我国消费者的国货购买意愿产生更为积极的影响,即对国产品牌产生更强的正面溢出效应。因此,当外国品牌发生道德主导型危机事件时,国产品牌若能突出其品牌国别身份与品牌价值观,则更有可能获得本国消费者的关注与支持,助推其品牌转换行为。在本项研究结果的基础上,接下来的研究将探讨外国品牌危机事件对我国品牌产生溢出效应的边界条件。

# 6

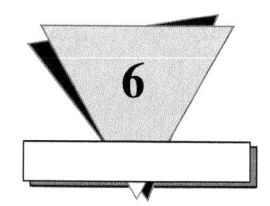

# 外国品牌危机影响国货偏好的边界条件

## 6.1 假设推导

### 6.1.1 品牌来源国形象的调节作用

来源国（也称原产国）是消费者心目中与某品牌产品所联系的国家或地区。Schooler（1965）的开创性研究认为，消费者对不同国家生产的产品有不同的认知，这些总体性认知会影响消费者对产品的评价和态度，进而会影响其购买倾向，这就是所谓的来源国效应（country-of-origin effect，COO effect）。随着研究的推进，学术领域对品牌形象的探究涵盖了产品来源国/地、产品制造国、品牌来源国等多个方面。品牌来源国形象可界定为消费者对来自某特定国家的产品所形成的总体认知，这种认知是消费者在长期经验与知识积累基础上形成的对一国的整体印象（Martin and Eroglu，1993；吴坚、符国群，2007）。Laroche 等（2005）认为，品牌来源国形象是一国总体上给他人（包括公众和消费者）的整体印象，包括公众对这个国家的国家信念、人民感情和交往关系的综合评价等多个层面。这与 Pappu 等学者（2007）对宏观国家形象的定义基本一致，即一个人对一个特定国家的所有描述性、推论性和信息性信仰的总和，它代表了消费者对一个国家在经济、政治和技术方面的更广泛的信仰（Martin and Eroglu，1993）。

由于产品质量的不确定性广泛存在，人们往往倾向于依据外部线索对未知事物进行判断，因此，品牌来源国形象所产生的"晕轮现象"普遍存在，深刻影响着消费者对产品质量的推断以及对品牌的原始态度与购买意愿等（Verlegh and Steenkamp，1998；汪涛 等，2012）。有关来源国效应的研究发现，良好的品牌来源国形象会对消费者产品评价与购买意愿产生积极的影响（Bilkey and Nes，1982；Hong and Wyer，1989；Maheswaran，1994；汪涛 等，2012b）。例如，王海忠和赵平（2004）以手机、冰箱和电脑作为刺激

物，调查了消费者对源于美国、日本、中国、欧洲四地的商品态度，结果发现原产地形象会通过影响消费者对该原产地的品牌的态度进而影响消费者的购买意愿。在基于预期的消费体验过程中，来源国形象也不断强化，从而成为一种根深蒂固的刻板印象。关注刻板印象及其作用的大量研究表明，刻板印象的激活是一种自动化加工，即只要呈现某个群体成员的相关线索，与之关联的刻板印象就会自动地、不可避免地激活（Clow and Esses，2007；杨亚平等，2015）。据此，面对突发的品牌危机，品牌来源国这一简明、凸显的外部线索会成为消费者展开品牌联想与归类的依据，品牌来源国形象也会随之激活进而影响消费者对危机事件的解读与反应。

在涉及品牌危机事件情境的研究中，景奉杰和任金中（2011）发现，与品牌知名度、品牌响应方式等因素相比，产品的原产地形象在危机事件发生期间对消费者购买意向的影响最弱。Laufer等（2009）发现，相对于消费者熟悉的产品，在危机事件中，品牌来源国形象对消费者不熟悉的品牌影响更大。基于可接近-可诊断模型，吴剑琳和吕萍（2016）的研究发现，类似品牌声誉效应，良好的品牌来源国形象会降低危机事件信息的可诊断程度，从而降低其对同行品牌的损害。王新刚等（2017）的研究发现，国家形象构成要素，包括国家-产品形象、制度信任以及民族认同等三个方面，均会对品牌危机事件的溢出效应产生影响。Crouch等（2020）的研究进一步揭示，品牌来源国形象能够影响消费者对品牌危机事件的责任归因、后续信任水平以及未来的购买意愿，换言之，品牌来源国形象通过危机责任归因与信任的双重中介作用，对消费者的未来购买意愿产生影响。具体而言，消极的品牌来源国形象会使消费者对该国品牌产生偏见，而这种偏见会进一步影响消费者对品牌危机事件的责任归因，故此，该国品牌发生危机事件时会严重影响消费者对该品牌及产品的信任水平以及未来的购买意愿；反之，具有积极来源国形象的品牌发生危机事件时，消费者对其责任归因则会相对较低，从而使该国品牌处于更有利的位置。例如，相对越南，中国消费者往往

认为英国品牌的来源国形象更为积极，从而对英国品牌及其产品的信任度高于越南品牌；在这两国品牌发生类似的品牌危机事件时，消费者对英国品牌的未来购买意愿也显著高于对越南品牌的未来购买意愿。王夏等（2021）的研究也有相似的发现，具体表现为品牌来源国形象通过影响消费者对危机事件进行群体特质归因的倾向进而影响品牌危机的溢出效应。品牌危机发生时，品牌来源国形象越消极，消费者越倾向于对危机事件进行群体特质归因，从而令危机事件对该国同行竞争品牌产生的溢出效应越强。

本项研究聚焦于探讨外国品牌危机事件对我国品牌所产生的潜在溢出效应。根据"情感-认知"双系统信息加工理论，个体既可以通过低水平、自动化的情绪系统加工信息，也可以通过高水平、精细化的认知系统加工信息（Shiffrin and Schneider, 1977; Shiv and Fedorikhin, 1999; 陈斯允等，2020）。在道德主导型危机事件情境中，消费者通常产生负面道德情绪反应，包括愤怒、厌恶及轻视等（杜伟强，2019），此时，更为快速、强烈的道德情绪反应会主导消费者对涉事品牌的态度及行为反应（Shiv and Fedorikhin, 1999）。Loewenstein 和 Hoch（1991）的研究提出，情绪反应可以在无需认知作用的情况下，相对自动地发生。故此，当面对外国品牌发生的道德主导型危机事件时，消费者会由于产生了更为强烈的负面道德情绪以及群际威胁感知，表现出更明显的外群体偏见与内群体偏好行为，此时，其国货购买意愿会有明显提升。

能力主导型危机主要反映了品牌现阶段客观具有的技术、研发与创新能力等方面的不足，在一定程度上并不受品牌自身控制（Fiske, 2002），通常具有较低的主观故意图（Xie and Peng, 2009），因此，消费者的情绪反应相对较弱，从而更有可能依据对危机事件的解读这一认知对危机事件做出反应。此时，消费者对涉事品牌及其产品的感知风险提高、购买意愿大幅下降，并且由于溢出效应的存在，通常还会对同国别其他品牌产生较为负面的态度与较高的感知风险，因此，消费者更倾向于选择其他国家的品牌与产

品。尽管从民族情感以及由群际威胁激发的内群体偏好层面而言，国产品牌会在消费者决策中占据一定的优势，但也并非理智消费者的必然选择。现有研究表明，消费者对本土品牌的偏好会受到品牌来源国形象的影响，同时也受制于产品质量与象征价值等因素（Wang and Chen, 2004）。如前所述，有关品牌来源国效应的研究发现，作为一种外部线索，品牌来源国形象会影响消费者对产品质量的认知以及购买意愿；良好的品牌来源国形象会对产品评价产生正面的影响（Bilkey and Nes, 1982；Hong and Wyer, 1989；Maheswaran, 1994；汪涛 等，2012b）。因此，当国产品牌来源国形象更为积极时，受认知驱动的消费者才更有可能将其作为危机涉事品牌的替代品。

据此，本项研究推测，当外国品牌发生道德主导型危机时，消费者会感知到更强的冒犯与群际威胁，不论国产品牌的形象如何，受情感驱动的消费者均倾向于表现出更强的国货购买意愿；然而，当外国品牌发生能力主导型危机事件时，国产品牌来源国形象越积极，其与外国品牌形成的反差与对比效应越强烈，消费者对国产产品品质的感知风险也越弱，从而更容易信任并且选择国产品牌产品作为危机涉事品牌的替代品。综上所述，本项研究提出如下假设：

*H*5：国产品牌来源国形象能够调节外国品牌危机事件类型（能力主导型 vs. 道德主导型）对消费者国货购买意愿的影响。当国产品牌来源国形象较积极（vs. 较消极）时，外国品牌危机事件类型对消费者国货购买意愿的影响减弱或消失。

## 6.1.2 危机事件严重性的调节作用

品牌危机事件的严重程度通常是指危机事件所造成的损害程度（包括对消费者的损害以及对自然环境的损害等）的大小、影响范围的大小、持续时间的长短等（Coombs, 1998；涂铭 等，2014）。Combs（2007）认为，危机的严重程度可以从事件的性质、危机的严重性和事件伤害的持续时间三个角

度概括。而且危机伤害所造成的负面影响涉及生理和心理两个层面,危机越严重对消费者造成的负面影响越大。Davis(2010)认为,危机的严重程度越高,关注并卷入其中的消费者会越多,危机的影响范围就越广,对涉事品牌及其行业产生的负面影响也就越持久。Coombs(2002)等学者在研究中发现,危机也会对责任归因产生影响。品牌危机的严重程度越高,消费者的负面情感和负面评价就越多,从而将危机责任更多归因于企业,对企业产生更多负面影响。因此,当危机更加严重时,企业声誉会恶化。Rhee 和 Haunschild(2006)在研究汽车行业产品召回对市场份额的影响时,发现严重的产品召回事件会对企业事发后下个月的市场份额产生严重影响。此外,基于对品牌危机事件严重程度的区分,相关研究指出,相对于不太严重的危机事件,严重的危机事件所造成的负面溢出效应更强,对同类竞争品牌及行业的损害也更大(景奉杰、任金中,2011;薛骄龙 等,2016)。

相对于造成严重后果的危机事件,当危机事件严重性较低时,消费者对危机事件的反应相对较温和,对整个品类的信任与感知风险不会受到太大的冲击,因此,消费者更有可能表现出品牌转换行为而非品类转换行为,此时品牌危机事件类型对消费者国货购买意愿的影响如前所述。然而,当危机事件严重性较高时,消费者对危机事件的反应会更激烈,同时对不同类型事件的反应也会存在相应的差异。后果严重的能力主导型危机事件会令消费者产生更强的风险感知,甚至对整个品类的信任受损、风险感知提升,更容易表现出品类转换行为而非品牌转换行为。消费者会更重视商品质量问题、会对质量做出更严苛的把关,此时,他们倾向于选择实力与能力更为突出的品牌,而品牌来源国作为对品牌的背书,来自发达国家品牌往往被认为具有更强的技术与质量保障,从而更有可能获得消费者的青睐。现有研究发现,新兴经济体和发达经济体的消费者都倾向于选择发达经济体生产制造的商品,因为消费者普遍相信发达国家拥有更好的生产技术(Chao,1998;Han,1989;Koschate et al.,2012)。因此,相对于在技术与品牌层面更具优势的

发达国家品牌，外国品牌发生此类事件时对消费者国货购买意愿的积极影响十分有限，甚至有可能出现消极影响。反之，面对外国品牌所发生的性质严重的道德主导型危机事件，消费者对外群体的所作所为会更加愤怒，也会因此感受到更强的群际威胁，从而会产生更强的外群体排斥与内群体偏好，此时，本土品牌作为与消费者距离更近、道德准则与文化价值观更为一致的"内群体成员"，更容易获得消费者的青睐。换言之，当外国品牌所发生的道德主导型危机事件性质更为严重时，（我国）消费者会产生更强的国货购买意愿。综上所述，本项研究提出如下假设：

*H*6：危机事件严重性能够调节外国品牌危机事件类型（能力主导型 vs. 道德主导型）对消费者国货购买意愿的影响。当危机事件严重程度较高（vs. 较低）时，外国品牌危机事件类型对消费者国货购买意愿具有更强的影响。

## 6.2 研究三：品牌来源国形象的影响

### 6.2.1 预实验

预实验 2 的目的是检验笔记本电脑作为品牌危机类型刺激材料的有效性。依照实验流程，被试随机进入两个不同实验组，即能力主导型危机组和道德主导型危机组。能力主导型危机组被试了解到的信息是，某虚拟品牌笔记本电脑存在质量缺陷，在电脑使用过程中易出现高温发热、突然黑屏、随之自动关机等现象，导致电脑中大量文件永久性消失，给用户带来不便。道德危机组被试了解到的信息是，该品牌存在出尔反尔、欺骗消费者现象：在该品牌承诺使用环保材料生产电脑后，却仍使用对环境具有破坏作用的原材料进行生产，造成了环境污染和生态破坏。在阅读相应材料后，被试须对危机事件类型做出评价。与前述研究一致，对品牌危机事件类型的测量量表分

别包含如"我认为该品牌存在的问题反映了其产品质量存在缺陷"的两个能力主导型危机相关题项（Cronbach' $\alpha=0.83$），以及"我认为该品牌存在的问题与品牌道德高度相关"的两个道德主导型危机相关题项（Cronbach' $\alpha=0.96$）。

预实验 2 通过问卷星平台招募被试并收集样本数据，共 62 名被试参与实验。其中，男性被试占比 28.2%，43.8% 的被试为大学本科学历，70.3% 被试月收入水平在 5 000 ~ 10 000 元。方差分析结果表明，能力危机组被试普遍认为危机事件是由于品牌能力方面的问题导致的 [$M_{能力主导型}=6.06$ vs. $M_{道德主导型}=3.32$，$F(1,60)=61.52$，$p<0.001$]，而道德危机组被试则认为危机事件是由于品牌方道德方面的问题导致的 [$M_{能力主导型}=3.02$ vs. $M_{道德主导型}=5.95$，$F(1,60)=56.27$，$p<0.001$]。此外，被试对两则危机事件严重程度 [$M_{能力主导型}=4.87$ vs. $M_{道德主导型}=4.90$，$F(1,60)=0.03$，$p=0.87$]、影响范围 [$M_{能力主导型}=5.74$ vs. $M_{道德主导型}=5.77$，$F(1,60)=0.01$，$p=0.92$] 以及与自身关联度 [$M_{能力主导型}=5.13$ vs. $M_{道德主导型}=5.23$，$F(1,60)=0.09$，$p=0.77$] 的评价无显著差异。因此，笔记本电脑的危机材料可用于主实验。

### 6.2.2 研究设计

研究三的主要目的在于严谨检验国产品牌来源国形象是否以及如何调节外国品牌危机事件类型对消费者国货购买意愿的影响。研究采用 2（危机品牌国别：外国品牌 vs. 我国品牌）×2（品牌危机事件类型：能力主导型危机事件 vs. 道德主导型危机事件）×2（品牌来源国形象：较低 vs. 较高）的组间因子设计，同时设置非危机事件情境组作为参照。

本项研究通过见数平台（Credamo）收集数据，剔除其中答题时间过短以及在反向测试问题上表现较差的 21 名被试，最终样本包含了由 299 名被试提供的数据。其中，约 41% 的被试为男性，82% 的被试年龄在 30 岁及以下，80% 的被试月收入在 1 万元及以下（详见表 6.1）。

表 6.1　研究三样本描述性统计信息

| 项目 | 类别 | 样本数 | 占比（%） |
| --- | --- | --- | --- |
| 性别 | 男 | 123 | 41.1 |
| | 女 | 176 | 58.9 |
| 年龄 | 25 岁及以下 | 145 | 48.5 |
| | 26~30 岁 | 100 | 33.4 |
| | 31~35 岁 | 38 | 12.7 |
| | 36~40 岁 | 10 | 3.4 |
| | 40 岁以上 | 6 | 2.0 |
| 教育背景 | 大专及以下 | 11 | 3.7 |
| | 本科 | 243 | 81.3 |
| | 硕士研究生 | 39 | 13.0 |
| | 博士研究生 | 6 | 2.0 |
| 月收入水平 | 5 000 元及以下 | 65 | 21.7 |
| | 5 001~10 000 元 | 175 | 58.5 |
| | 10 001~15 000 元 | 54 | 18.1 |
| | 15 000 元以上 | 5 | 1.7 |

实验采用的刺激物是笔记本电脑这一常见的电子产品。依据实验流程，所有被试通过随机分配进入不同的实验组别。首先，实验对危机品牌的国别进行操控，外国品牌组被试阅读到的是源自美国的电子产品品牌及其产品的介绍，而本国品牌组被试阅读到的则是本土电子产品品牌及其产品的介绍。为避免真实品牌相关因素产生的干扰，实验采用的是虚拟品牌名称，除品牌国别信息外，两组被试所看到的品牌及产品信息（包括文字介绍与图片）是完全一致的。其次，被试接受有关品牌危机事件类型的操控，被试阅读到该品牌近期被曝光的一则危机事件，事件信息均根据真实材料改编并经过预测试的检验。能力主导型危机组的被试阅读到的材料为"该品牌笔记本电脑在过去一个月内因质量缺陷收到 200 多条用户投诉，在使用过程中容易出现

机身高温发热、突然黑屏、自动关机甚至主板烧毁等现象，导致电脑中储存的大量文件永久性丢失，给用户带来极大不便"；而道德主导型危机组的被试阅读到的材料则为"该品牌存在出尔反尔，欺骗消费者的现象。该品牌在向全球消费者承诺使用环保材料代替溴化阻燃剂（BFRs）和聚氯乙烯（PVC）后，并未履行其承诺，仍使用具有破坏性的原材料进行产品生产，造成严重的环境污染和生态破坏"。了解危机事件信息后，被试需要对材料中危机事件的可信度、严重程度、影响范围及与自身的关联度等进行评价。再次，被试了解到另一个国产品牌笔记本电脑的相关信息，并指出对该产品的购买意愿。而非危机事件组被试则是在阅读一条新闻报道后直接进入产品购买意愿以及国产品牌来源国形象评价环节。最后，被试填写人口统计相关信息，并在实验结束后领取相应的报酬。

实验中主要变量的测量均采用七点式李卡特量表（1＝非常不同意，7＝非常同意）。消费者国货购买意愿、群际威胁感知、品牌危机事件类型等主要变量的测量与前两项研究中采用的量表一致。参照前人的研究（Martin and Eroglu, 1993; Parameswaran and Pisharodi, 1994; Agarwal and Sikri, 1996），实验中采用6个题目测量品牌来源国形象，主要包含对国家政治经济技术发展水平以及国家产品质量与声誉这两个方面的评价（Cronbach'$\alpha$ ＝ 0.80）。此外，分别采用一个条目测量危机事件信息的可信度、与消费者的关联度。

### 6.2.3 研究结果

总体而言，被试认为材料呈现的危机事件真实性较高 [$M = 5.56, SD = 0.81$；$M_{能力主导型} = 5.54$ vs. $M_{道德主导型} = 5.58, F(1, 268) = 0.15, p = 0.70$]、影响范围较广 [$M = 6.10, SD = 0.78$；$M_{能力主导型} = 6.15$ vs. $M_{道德主导型} = 6.06, F(1, 268) = 0.84, p = 0.36$]、严重性较高 [$M = 6.01, SD = 0.61$；$M_{能力主导型} = 6.04$ vs. $M_{道德主导型} = 5.99, F(1, 268) = 0.16, p = 0.69$]、与自身关联度较大 [$M = 5.43, SD = 1.02$；$M_{能力主导型} = 5.39$ vs. $M_{道德主导型} =$

5.47，$F(1,268) = 0.42$，$p = 0.52$），且能力主导型危机组与道德主导型危机组的被试对以上信息的感知无显著差别。此外，根据国产品牌来源国形象采集数据的中位数将被试分为两组（低于中位数的品牌来源国形象较消极组以及高于中位数的品牌来源国形象较积极组），操控检验结果表明，两组被试对国产品牌来源国形象的评价存在显著差异 [$M_{来源国形象较消极}$ = 4.49 vs. $M_{来源国形象较积极}$ = 5.16，$F(1, 268) = 37.70$，$p<0.001$]。

在操控检验得到支持的基础上，以危机品牌国别、危机事件类型、国产品牌来源国形象以及三者的交互项作为自变量，消费者国货购买意愿作为因变量，危机事件严重性、影响广度等作为控制变量进行方差分析。结果表明，在充分考虑危机事件严重性 [$F(1, 258) = 65.06$，$p<0.001$]、影响广度 [$F(1, 258) = 2.50$，$p=0.12$]、与消费者关联度 [$F(1, 258) = 2.08$，$p=0.15$) 以及消费者民族中心主义 [$F(1, 258) = 3.76$，$p=0.05$] 等因素的影响后，危机品牌国别对消费者国货购买意愿具有显著影响；相对于国产品牌发生的危机事件，消费者在了解到外国品牌发生的危机事件后表现出显著更高的国货购买意愿 [$M_{本国品牌危机}$ = 4.71 vs. $M_{外国品牌危机}$ = 5.50，$F(1, 258) = 44.91$，$p<0.001$]。以非危机事件情境组作为参照，比较结果表明，外国品牌危机事件对消费者国货购买意愿产生了积极的影响 [$M_{外国品牌危机}$ = 5.50 vs. $M_{非危机}$=5.15，$\Delta M = 0.35$，$F(1, 162) = 4.28$，$p = 0.04$]，而本国品牌危机事件则对消费者国货购买意愿产生了消极的影响 [$M_{本国品牌危机}$ = 4.71 vs. $M_{非危机}$=5.15，$\Delta M = -0.44$，$F(1, 162) = 4.79$，$p = 0.03$]。故此，H1再次得到有力支持。

方差分析结果同时表明，国产品牌来源国形象对消费者国货购买意愿的主效应影响显著 [$M_{来源国形象较消极}$ = 4.86 vs. $M_{来源国形象较积极}$ = 5.36，$F(1, 258) = 28.08$，$p<0.001$]，并且它与危机品牌国别的交互作用 [$F(1, 258) = 13.76$，$p<0.001$] 以及与危机事件类型的交互作用 [$F(1, 258) = 8.86$，$p = 0.003$] 均对消费者国货购买意愿具有显著影响，但危机品牌国

别、危机事件类型与国产品牌来源国形象三者的交互作用对消费者国货购买意愿的影响不显著 $[F(1, 258) = 0.59, p = 0.44]$。

针对外国品牌危机事件组,方差分析结果表明,危机事件类型对消费者的国货购买意愿主效应影响显著。相对于能力主导型危机事件,外国品牌发生的道德主导型危机事件会对消费者的国货购买意愿产生更积极的影响 $[M_{能力主导型} = 5.35 \text{ vs. } M_{道德主导型} = 5.64, F(1, 127) = 5.29, p = 0.02]$。故此,H2 再次得到支持。同时,危机事件类型与国产品牌来源国形象的交互作用也对消费者国货购买意愿具有显著影响 $[F(1, 127) = 7.29, p = 0.008]$。具体而言(如图 6.1 所示),当国产品牌来源国形象较消极时,品牌危机事件类型对消费者国货购买意愿具有更强的影响,即相对于能力主导型危机事件,外国品牌发生道德主导型危机事件时消费者会表现出更强的国货购买意愿 $[M_{能力主导型} = 5.00 \text{ vs. } M_{道德主导型} = 5.54, F(1, 66) = 6.10, p = 0.02]$;反之,当国产品牌产品形象较积极时,品牌危机事件类型对消费者国货购买意愿则不再产生显著的影响 $[M_{能力主导型} = 5.71 \text{ vs. } M_{道德主导型} = 5.75, F(1, 65) = 0.08, p = 0.78]$,这可能是由于在此情况下,消费者不管是基于能力认知的考量还是基于道德情绪的判断,均会将来源国形象积极良好的国产品牌作为替代外国品牌的首选。故此,H5 得到支持。

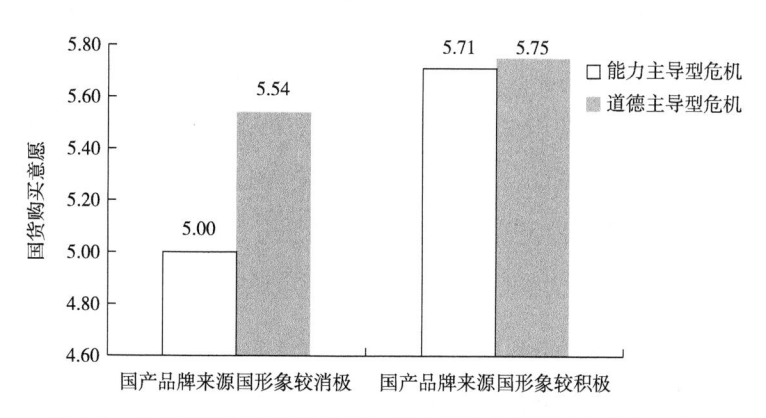

图 6.1 外国品牌危机事件类型与国产品牌来源国形象的交互作用

然而，针对本国品牌危机事件组，方差分析结果表明，国产品牌来源国形象对消费者国货购买意愿也具有显著影响，具体表现为国产品牌来源国形象越积极，其越不容易受到同行其他国产品牌危机事件传染效应的影响 [$M_{来源国形象较消极}$ = 4.45 vs. $M_{来源国形象较积极}$ = 4.98, $F(1, 127) = 39.99$, $p < 0.001$]。另外，国产品牌来源国形象与危机事件类型的交互作用对消费者国货购买意愿的影响边际显著 [$F(1, 127) = 2.89$, $p = 0.09$]。

### 6.2.4 讨论

研究三在更换实验刺激物品类（笔记本电脑）与危机事件刺激材料后，消费行为实验数据分析结果再次表明，国产品牌危机事件会对同行其他国产品牌产生负面溢出效应（传染效应），但在一定程度上会受到国产品牌形象的制约。当国产品牌来源国形象较为积极（vs. 消极）时，某一国产品牌危机事件对同行其他国产品牌的负面溢出效应相对较弱。

然而，外国品牌危机事件会对我国品牌产生正面溢出效应（对比效应），并且相对于能力主导型危机事件，外国品牌发生的道德主导型危机事件会对我国消费者国货购买意愿产生更为积极的影响。而国产品牌来源国形象会进一步调节外国品牌危机事件类型对消费者国货购买意愿的影响。具体而言，当外国品牌发生能力主导型危机事件时，国产品牌来源国形象对消费者国货购买意愿具有显著影响：作为涉事品牌的替代品，国产品牌来源国形象越积极，消费者对国货的购买意愿越强 [$M_{来源国形象较消极}$ = 5.00 vs. $M_{来源国形象较积极}$ = 5.71, $F(1, 66) = 13.12$, $p = 0.001$]，即从外国品牌消费转向国产品牌的品牌转换意愿会更强。然而，当外国品牌发生道德主导型危机事件时，消费者会产生更多的负面情绪以及感知群际威胁，因此，不论国产品牌来源国形象如何，消费者均会表现出强烈的内群体偏好，即更高的国货购买意愿，换言之，国产品牌来源国形象对消费者国货购买意愿不再产生显著影响 [$M_{来源国形象较消极}$ = 5.54 vs. $M_{来源国形象较积极}$ = 5.75, $F(1, 65) = 1.33$, $p = 0.25$]。本项研究结论能够为国产品牌更为科学、准确预测同行品牌危机事件的溢出

效应并提前做好应对方案提供有针对性的参考。

## 6.3 研究四：危机事件严重性的影响

### 6.3.1 预实验

预实验3的目的是检验品牌危机类型和危机严重性相关材料是否有效。被试会随机进入2（品牌危机事件类型：能力主导型危机 vs. 道德主导型危机）×2（危机严重性：较低 vs. 较高）四个实验组（低严重性能力危机组、高严重性能力危机组、低严重性道德危机组、高严重性道德危机组）中的其中一组。低严重性能力危机组被试阅读的材料为某虚拟品牌卫衣染料中的pH值超过国家规定范围，长期贴身接触此类衣物会对皮肤造成刺激，出现红肿或瘙痒等过敏症状，严重的甚至会引发皮肤炎症或诱发感染；高严重性能力危机组被试阅读的材料为该品牌卫衣中联苯胺含量超过国家规定值27倍，长期贴身接触此类衣物会导致人体细胞的DNA发生结构与功能变化，出现头疼、恶心、失眠等症状，严重的甚至会诱发癌症。低严重性道德危机组被试阅读的材料为该卫衣品牌在某社交媒体平台进行产品宣传推广时存在丑化十二生肖元素的行为，引发网友的争议与声讨；而高严重性道德危机组试阅读的材料为该卫衣品牌在某社交媒体平台进行产品宣传推广时存在丑化中国人形象、歧视并恶意诋毁中国传统文化的行为。在阅读材料后，被试需对品牌危机类型和所感知的危机严重程度做出评价。

品牌危机事件类型测量与前述预实验相同，包含两个能力相关题项（Cronbach' $\alpha=0.89$）和两个道德相关题项（Cronbach' $\alpha=0.95$）。危机严重性的测量借鉴学者 Liao（2007）的研究，包含"我认为这起危机事件危害性大""我认为这起危机事件有严重的负面影响""我认为该品牌此次被曝光的问题微不足道（反向问题）""我认为该品牌此次被曝光的事件严

重性较低（反向问题）"等四个题项（Cronbach'α=0.90）。

预实验通过问卷星平台开展，共有120名被试参与实验。其中，32.3%的被试为男性，30.6%的被试年龄在35岁及以下，大学本科被试占比59.7%，43.5%的被试月收入在5 000~10 000元。方差分析结果表明，对于品牌危机类型，能力主导型危机事件组被试更倾向于认为危机事件与品牌能力问题相关 [$M_{能力主导型}$ = 6.19 vs. $M_{道德主导型}$ = 3.78，$F(1, 118)$ = 115.66，$p<0.001$]，而道德主导型危机事件组被试则认为危机事件与品牌方道德问题更相关 [$M_{能力主导型}$ = 3.29 vs. $M_{道德主导型}$ = 5.74，$F(1, 118)$ = 77.58，$p<0.001$]。对于危机事件严重性，低严重性组被试对危机事件严重程度的评价显著低于高严重性组被试 [$M_{低严重性组}$ = 4.56 vs. $M_{高严重性组}$ = 6.05，$F(1, 118)$ = 73.86，$p<0.001$]。此外，低严重性组被试对两种类型危机影响范围 [$M_{能力主导型}$ = 4.93 vs. $M_{道德主导型}$ = 4.90，$F(1, 58)$ = 0.01，$p=0.92$] 及与自身关联度 [$M_{能力主导型}$ = 4.96 vs. $M_{道德主导型}$ = 5.00，$F(1, 58)$ = 0.01，$p=0.92$] 的感知无显著差别，高严重性组被试对两种类型危机影响范围 [$M_{能力主导型}$ = 5.97 vs. $M_{道德主导型}$ = 6.03，$F(1, 58)$ = 0.07，$p=0.79$] 及与自身关联度 [$M_{能力主导型}$ = 5.80 vs. $M_{道德主导型}$ = 6.00，$F(1, 58)$ = 0.69，$p=0.41$] 的感知也无显著差别。因此，品牌危机事件刺激材料可用于主实验。

#### 6.3.2 研究设计

研究四的主要目的是严谨检验品牌危机事件的严重性是否以及如何调节外国品牌危机事件类型对消费者国货购买意愿的影响。研究采用2（危机品牌国别：外国品牌 vs. 我国品牌）×2（品牌危机事件类型：能力主导型危机事件 vs. 道德主导型危机事件）×2（危机事件严重性：较低 vs. 较高）的组间因子设计，同时设置非危机事件情境组作为参照。

本项研究通过见数平台（Credamo）收集数据，剔除其中答题时间过短以及在反向测试问题上表现较差的12名被试，最终样本包含了由338名被试提供的数据。其中，约38%的被试为男性，69%的被试年龄在30岁及以

下，74%的被试月收入在1万元及以下（详见表6.2）。

表6.2 研究四样本描述性统计信息

| 项目 | 类别 | 样本数 | 占比（%） |
| --- | --- | --- | --- |
| 性别 | 男 | 128 | 37.9 |
| | 女 | 210 | 62.1 |
| 年龄 | 25岁及以下 | 135 | 40.0 |
| | 26~30岁 | 98 | 29.0 |
| | 31~35岁 | 47 | 13.9 |
| | 36~40岁 | 39 | 11.5 |
| | 40岁以上 | 19 | 5.6 |
| 教育背景 | 大专及以下 | 28 | 8.3 |
| | 本科 | 237 | 70.1 |
| | 硕士研究生 | 66 | 19.5 |
| | 博士研究生 | 7 | 2.1 |
| 月收入水平 | 5 000元及以下 | 68 | 20.1 |
| | 5 001~10 000元 | 182 | 53.8 |
| | 10 001~15 000元 | 69 | 20.4 |
| | 15 000元以上 | 19 | 5.6 |

实验采用的刺激物是服装这一常见的消费品。依据实验流程，所有被试通过随机分配进入不同的实验组别。首先，实验对危机品牌国别进行操控，外国品牌组被试阅读到的是源自西班牙的服装品牌及其产品的相关介绍，而本国品牌组被试阅读到的则是本土服装品牌及其产品的相关介绍。为避免真实品牌相关因素产生的干扰，实验采用的是虚拟品牌名称（B&G），除品牌国别信息外，两组被试所看到的品牌及产品信息（包括文字介绍与图片）是完全一致的。其次，被试接受有关品牌危机事件类型以及危机事件严重性的操控，严重性较低的能力主导型危机组被试阅读到的材料为"B&G品牌

卫衣由于其 pH 值超过国家规定范围在质检中被认定为不合格，服装酸碱度超出皮肤适应范围会破坏皮肤平衡和抵抗力，导致皮肤出现过敏症状"；而严重性较高的能力主导型危机组被试阅读的材料则为"B&G 品牌卫衣由于其联苯胺含量超过国家规定值的 27 倍而被认定为不合格，穿着联苯安超标的衣物会导致人体细胞 DNA 结构变化，进而引发膀胱癌等恶性疾病"。严重性较低的道德主导型危机组被试阅读到的材料为"B&G 品牌卫衣在某社交媒体平台进行产品宣传推广时存在丑化十二生肖元素的行为，引发网友的争议与声讨"；而严重性较高的道德主导型危机组被试阅读到的材料为"B&G 品牌卫衣在某社交媒体平台进行产品宣传推广时存在丑化中国人形象、歧视并恶意诋毁中国传统文化的行为"。了解危机事件信息后，被试需要对危机事件真实性、严重程度、影响范围、与自身关联度等做出评价。其次，被试了解到另一个国产品牌（起航）卫衣的相关信息，并指出对该产品的购买意愿。而非危机事件组被试则在阅读一条新闻报道后直接进入最后的产品购买意愿评价环节。最后，被试填写人口统计相关信息，并在实验结束后领取相应的报酬。

实验中主要变量的测量均采用七点式李卡特量表（1 = 非常不同意，7 = 非常同意）。消费者国货购买意愿、群际威胁感知、品牌危机事件类型等主要变量的测量与前三项研究中采用的量表一致，感知危机事件严重程度的测量与预实验中采用的量表一致（Cronbach' $\alpha$ = 0.85）。此外，分别采用一个条目测量危机事件信息的可信度、与消费者的关联度。

### 6.3.3 研究结果

总体而言，被试认为材料呈现的危机事件真实可信（$M$ = 5.50，$SD$ = 0.98）、影响范围较广（$M$ = 6.02，$SD$ = 1.04）且与自身关联度较高（$M$ = 4.67，$SD$ = 1.55）。对品牌危机事件类型的操控检验结果表明，能力主导型危机组被试更倾向于认为此次危机事件是由品牌能力问题导致的

[$M_{能力主导型}$ = 6.01 vs. $M_{道德主导型}$ = 4.50,$F(1,307)$ = 139.26,$p<0.001$],而道德危机组的被试则更倾向于认为危机事件是由于品牌方道德缺失导致的[$M_{能力主导型}$ = 4.78 vs. $M_{道德主导型}$ = 6.25,$F(1,307)$ = 104.18,$p<0.001$],由此表明本项实验对品牌危机类型的操控是有效的。对危机事件严重程度的操控检验结果表明,高严重性危机组被试对危机严重程度的评价高于低严重性组被试[$M_{低严重性组}$ = 5.23 vs. $M_{高严重性组}$ = 6.22,$F(1,307)$ = 66.42,$p<0.001$]。此外,低严重性组被试对两种危机类型影响范围[$M_{能力主导型}$ = 5.73 vs. $M_{道德主导型}$ = 5.85,$F(1,154)$ = 0.41,$p=0.52$]及与自身关联度[$M_{能力主导型}$ = 4.56 vs. $M_{道德主导型}$ = 4.46,$F(1,154)$ = 0.15,$p=0.70$]的感知无显著差异;高严重性组被试对两种危机类型影响范围[$M_{能力主导型}$ = 6.13 vs. $M_{道德主导型}$ = 6.39,$F(1,151)$ = 2.87,$p=0.10$]及与自身关联度[$M_{能力主导型}$ = 4.81 vs. $M_{道德主导型}$ = 4.92,$F(1,151)$ = 0.19,$p=0.66$]的感知也无显著差异。由此表明,本项实验对品牌危机事件严重性的操控也是有效的。

在操控检验得到支持的基础上,以危机品牌国别、危机事件类型、危机事件严重性以及三者的交互项作为自变量,消费者国货购买意愿作为因变量,危机事件影响广度等作为控制变量进行方差分析。结果表明,在充分考虑危机事件影响广度[$F(1,298)$ = 1.89,$p=0.17$]、与消费者关联度[$F(1,298)$ = 2.15,$p=0.14$]以及消费者民族中心主义[$F(1,298)$ = 6.41,$p=0.01$]等因素的影响后,危机品牌国别对消费者国货购买意愿具有显著影响,即相对于国产品牌发生的危机事件,消费者在了解到外国品牌发生的危机事件后表现出显著更高的国货购买意愿[$M_{本国品牌危机}$ = 4.37 vs. $M_{外国品牌危机}$ = 5.45,$F(1,298)$ = 106.57,$p<0.001$]。以非危机事件情境组作为参照,比较结果表明,外国品牌危机事件对消费者国货购买意愿产生了积极的影响[$M_{外国品牌危机}$ = 5.45 vs. $M_{非危机}$ = 4.77,$\Delta M$ = 0.68,$F(1,188)$ = 14.80,$p<0.001$],而本国品牌危机事件则对消费者国货购买意愿产生了消

极的影响 [$M_{本国品牌危机}$ = 4.37 vs. $M_{非危机}$ = 4.77, $\Delta M$ = -0.40, $F(1, 175)$ = 4.26, $p = 0.04$]。故此,H1 再次得到有力支持。

方差分析结果同时表明,危机事件类型 [$M_{能力主导型}$ = 4.68 vs. $M_{道德主导型}$ = 5.20, $F(1, 298)$ = 21.30, $p<0.001$] 对消费者国货购买意愿的主效应影响显著。除此以外,危机品牌国别与危机事件类型的交互作用 [$F(1, 298)$ = 5.01, $p = 0.03$]、危机事件类型与危机事件严重性的交互作用 [$F(1, 298)$ = 5.24, $p = 0.02$] 均对消费者国货购买意愿具有显著影响,但危机品牌国别、危机事件类型与危机事件严重程度三者的交互作用不显著 [$F(1, 298)$ = 0.92, $p = 0.34$]。

针对外国品牌危机事件组,方差分析结果表明,品牌危机事件类型对消费者国货购买意愿的主效应影响显著:相对于能力主导型危机事件,外国品牌发生的道德主导型危机事件会对消费者国货购买意愿产生更积极的影响 [$M_{能力主导型}$ = 5.08 vs. $M_{道德主导型}$ = 5.82, $F(1, 154)$ = 30.22, $p<0.001$]。故此,H2 再次得到支持。同时,危机事件类型与危机事件严重性的交互作用也对消费者国货购买意愿具有显著影响 [$F(1, 154)$ = 6.50, $p = 0.01$]。具体而言(如图 6.2 所示),当危机事件严重性较低时,外国品牌发生的道德主导型危机事件(vs. 能力主导型危机事件)对消费者国货购买意愿产生了更积极的影响 [$M_{能力主导型}$ = 5.14 vs. $M_{道德主导型}$ = 5.57, $F(1, 78)$ = 6.30, $p$ = 0.01;当危机事件严重性较高时,上述危机事件类型对消费者国货购买意愿产生的影响会进一步增强 [$M_{能力主导型}$ = 5.02 vs. $M_{道德主导型}$ = 5.02, $F(1, 79)$ = 27.17, $p<0.001$]。故此,H6 得到支持。

针对本国品牌危机事件组,方差分析结果表明,危机事件类型 [$F(1, 141)$ = 1.90, $p = 0.17$]、危机事件严重性 [$F(1, 141)$ = 1.54, $p = 0.22$] 以及两者的交互项 [$F(1, 141)$ = 0.83, $p = 0.36$] 对消费者国货购买意愿的影响均不显著。

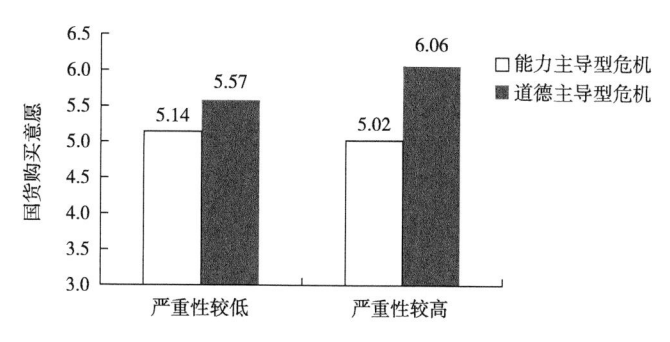

图 6.2　外国品牌危机事件对消费者国货购买意愿的影响

## 6.3.4　讨论

研究四的结果再次表明，国产品牌危机事件会对同行其他国产品牌产生负面溢出效应（传染效应），而外国品牌危机事件则会对我国品牌产生正面溢出效应（对比效应）；而且相对于能力主导型危机事件，外国品牌发生的道德主导型危机事件会对我国消费者国货购买意愿产生更为积极的影响。此外，危机事件严重程度会进一步调节外国品牌危机事件类型对消费者国货购买意愿的影响。当外国品牌发生道德主导型危机事件时，危机事件性质越严重，消费者感知到来自外群体的威胁越强，从而表现出更强的国货偏好 $[M_{严重性较低} = 5.57 \text{ vs. } M_{严重性较高} = 6.06, F(1, 78) = 6.34, p = 0.01]$。然而，当外国品牌发生能力主导型危机事件时，危机事件严重性对消费者国货购买意愿则没有产生显著的影响 $[M_{严重性较低} = 5.14 \text{ vs. } M_{严重性较高} = 5.02, F(1, 79) = 0.43, p = 0.51]$。其中的原因，一方面可能是当某类产品出现严重的能力主导型危机事件时，消费者对该类别产品的感知风险会大幅提升，从而更容易表现出品类转换行为；另一方面可能是消费者对国产品牌的品质与技术的信心还不够强，在能力主导型危机事件后，很难将国产品牌作为性能更优的替代品的首选。

# 7

# 综合讨论（上篇）

## 7.1 研究结论

在经济全球化的背景下,品牌的跨国经营与发展成为新常态,品牌之间的竞争也不再局限于本土市场,而是在全球范围展开。在此过程中,品牌不仅要面对激烈的市场竞争,还要应对来自不同文化、法律和消费者期望的挑战。同时,随着信息技术的飞速发展和自媒体时代的来临,消费者可以通过多种渠道快速获取品牌信息,并对品牌行为做出即时反应。品牌跨国发展过程中出现的任何失误或不当行为都有可能被迅速放大,成为全球关注的焦点,从而对品牌形象与消费者偏好产生深远影响。

相应地,品牌危机事件及其溢出效应在学术界和实践界都引起了广泛关注。现有研究表明,品牌危机事件,尤其是那些涉及道德和能力的事件,不仅会对涉事品牌产生深远影响,还可能波及同行业其他品牌,甚至影响到国家形象和消费者对一国品牌的偏好。然而,目前鲜有研究关注品牌国别身份在其中的作用以及危机事件在不同国别品牌间产生的溢出效应。在这一背景下,本书的上篇聚焦于外国品牌危机事件对消费者国货偏好的影响,探讨了品牌危机事件如何通过群际威胁感知影响消费者对国产品牌的态度和购买意愿。这一议题的重要性在于,它不仅关系到国产品牌如何在外国品牌危机中把握市场机会,还关系到国产品牌如何在全球化竞争中提升其竞争力。

基于消费行为实验的一系列研究结果表明,外国品牌危机事件显著提升了消费者对国产品牌的购买意愿,尤其是当危机事件属于道德主导型(vs. 能力主导型)时,其正面溢出效应更为显著。本项研究引入社会心理学中的群际威胁理论用以揭示外国品牌危机事件的类型对消费者国货偏好的影响。群际威胁理论认为,个体对威胁的感知,而不是实际受到的威胁,是影响个体行为的关键因素。本研究结果表明,外国品牌危机事件增强了消费者对外国品牌的群际威胁感知,进而提升了消费者对国产品牌的购买意愿。这一发

现为理解消费者在品牌危机情境中调整其品牌偏好及其品牌转换行为提供了新的视角。此外，国产品牌来源国形象和危机事件严重程度不仅会直接影响品牌危机事件溢出效应的强弱，而且还能够调节并制约外国品牌危机事件对消费者国货购买意愿的影响。具体而言，当国产品牌来源国形象更积极时，外国品牌危机事件对国产品牌的正面溢出效应更强，同时外国品牌危机事件类型对消费者国货购买意愿的影响也相对减弱，即不论是外国品牌发生的能力主导型危机还是道德主导型危机，均会对国产品牌产生较强的正面溢出效应。相对于严重性较低的危机事件，当危机事件严重性较高时，外国品牌危机事件类型对消费者国货购买意愿的影响更强，这主要是源于性质严重的道德主导型危机（vs. 能力主导型危机）事件会导致更强的群际威胁感知进而更强的国货偏好。这些结论不仅丰富了品牌危机溢出效应的理论，也为品牌管理实践提供了新的视角。

## 7.2　理论贡献

本项研究的理论贡献主要体现在以下三个方面：

首先，本项研究及相关发现是对品牌危机溢出效应的深化。本研究基于跨国视角，依据品牌国别身份，区分并比较了外国品牌危机事件与本土品牌危机事件对消费者国货购买意愿所造成的不同影响，揭示了外国品牌危机事件对国产品牌的正面溢出效应；同时，依据危机事件性质（陶红、卫海英，2016），区分了能力主导型和道德主导型危机事件的不同影响，为多视角理解品牌危机的溢出效应尤其是不同国别品牌之间产生的溢出效应提供了有益的补充。

其次，从溢出效应影响因素来看，本研究不仅严谨检验并支持了品牌国别身份、品牌危机事件类型对跨国别品牌间危机效应的影响作用，还通过探索影响作用的边界条件揭示了其与品牌来源国形象、危机事件严重程度之间

的交互效应，相关结论有助于构建一个更具解释力的理论模型，揭示品牌危机在不同国别品牌之间产生溢出效应的特点与规律。

最后，基于跨学科融合视角，本项研究将社会心理学中的群际威胁理论引入品牌危机溢出效应研究领域，探讨了外国品牌危机事件如何通过群际威胁感知给我国消费者带来的外群体排斥与内群体支持行为，从而影响消费者对国产品牌的偏好，这一解析拓展了群际威胁理论的应用范围。从溢出效应产生机制来看，群际威胁感知这一心理作用机制不仅能有效解释外国品牌危机这一情境因素作用于个体消费者的品牌态度转变的机理，而且提供了有别于联想网络模型与相似性原理的视角，有助于理解外国品牌危机对本土品牌的溢出效应，从而对现有研究形成有益补充。

## 7.3 管理启示

近年来，随着网络的普及以及社会监督力量的增强，企业在生产经营过程中存在的产品质量缺陷以及责任感缺失与道德缺失等问题相继曝光，并且因社会舆论的发酵会迅速演变为对品牌形象及信誉造成严重损害的品牌危机事件。这些事件不仅使涉事品牌遭受重挫，而且也对行业内其他品牌乃至对整个行业造成不小的冲击，正如中国谚语所说"城门失火，殃及池鱼"。因此，深入研究品牌危机的溢出效应不仅有助于发掘品牌危机事件产生的原因与规律，而且能为相关企业预测及应对该类事件、避免被动陷入危机提供有价值的参考，具有重要的现实意义。

本项探究以跨国比较的视角，深入剖析并揭示了外国品牌危机事件对中国品牌的溢出效应。对于国产品牌而言，应建立灵活且更有针对性的品牌危机溢出效应预警与应对机制。除了应警惕同国别品牌危机事件所产生的负面溢出效应（传染效应）以外，还应意识到外国品牌被曝光的危机事件尤其是道德主导型危机事件有可能对国产品牌产生的正面溢出效应（对比效

应），因此，国产品牌可以充分利用这一时机加强市场曝光与市场营销活动，积极宣传品牌形象与品牌国别身份，以吸引更多消费者、促成其从购买外国品牌产品转向购买国产品牌产品的品牌转换行为，从而实现在危机情境中的转危为机、"弯道超车"。本项研究结果发现，相对而言，当外国品牌发生能力主导型危机事件尤其是性质严重的此类事件时，我国消费者难以转换为支持、购买国产品牌产品，这表明我国消费者对国产品牌能力的信任、对国货品质的信心仍不足。因此，国产品牌应在产品质量管理、推进技术创新、实现产品品质领先、塑造能力型品牌形象等方面进行长期持续的投入，以获得消费者的认可，进一步提高消费者对国产品牌的购买意愿，进而实现国产品牌的高质量、可持续发展。

而对于在中国市场经营的外国品牌而言，应先意识到集体主义文化背景下的个体更关注群体成员，因而他们更容易感受到来自外群体的威胁（Nelson，2009），故此应通过更严格的质量管理与控制、深入理解并尊重中国社会文化风俗与道德准则以及更精准的跨文化沟通等策略以尽可能避免品牌危机事件的发生。如果发生品牌危机事件，除涉事品牌应该及时采取有效的应对策略外，其他外国品牌也应该积极采取增进共同内群体认同感、模糊群体边界等策略（党宝宝 等，2014），以尽可能降低我国消费者对外国品牌群际威胁的感知，有效弱化涉事品牌危机事件给外国品牌带来的负面影响。

对于政府相关部门而言，也需要采取积极的措施，通过国家品牌计划培育并宣传本国优质品牌、创造良好的制度环境等方式，与企业层面的品牌发展战略形成联动，加强国产品牌形象的塑造，提升国产品牌形象，从而为本国品牌提供更有力的保护，助力国产品牌在危机事件频发的市场环境中不断提升品牌影响力与市场竞争力、不断扩大市场份额。

## 7.4 研究局限与未来研究方向

尽管本项研究所包含的一系列消费行为实验实证数据有力支持了本项研究模型与各项研究假设，但本项研究仍然存在如下几方面的局限，有待后续研究继续深入探索并加以改进。

首先，为了排除真实品牌相关因素对研究结果可能造成的干扰，本研究在一系列实验设计中只采用了虚拟品牌进行品牌危机情境构建。然而在现实生活中，消费者对品牌危机事件的理解以及对品牌的评价不可避免地会受到品牌因素（如品牌知名度、品牌典型性、品牌实力、品牌来源国形象以及新产品是否采用新品牌）、情境因素（如消费者与品牌关系）等影响。因此，未来的研究可进一步探讨这些因素与危机情境下消费者国货偏好的潜在联系，从而构建出更贴近现实情况的危机事件后消费者的品牌转换行为模型。

其次，对于品牌危机事件类型的划分，本研究参照现有研究中被普遍采纳的观点，主要分为能力主导型危机事件与道德主导型危机事件。实际上，有些品牌危机事件是能力与道德混合型事件，例如由企业道德问题引发的产品缺陷问题 等，后续研究中可对此做更细致的区分与比较。此外，未来研究可以探讨更多维度的品牌危机事件，如意外型危机事件和预测型危机事件、可辩解型危机事件与不可辩解型危机事件，以及它们对品牌危机溢出效应可能存在的不同影响。除品牌危机事件本身的性质，如严重性、可辩解性、危机归因类型等，涉事品牌的危机应对方式，如是否道歉、是否给予补偿等，也可能会影响消费者对涉事品牌的态度以及危机事件的溢出效应。后续研究可深入探析这些因素与品牌危机事件类型的交互作用会如何影响消费者的国货偏好与品牌转换行为。

再次，从研究样本构成方面来看，本项研究一系列消费行为实验的样本数据主要采集自中国消费者，未来研究可进一步扩展至其他国家文化背景

中，充分检验其他国家消费者对外国品牌危机事件的反应与中国消费者是否一致，以验证研究结果的普适性。当发现结论不一致时，还可以从跨文化研究的视角，充分考虑国家文化价值观维度（Hofstede，1980）是否会调节外国品牌危机事件对消费者本土品牌偏好的影响作用，以挖掘出更多有意义、有价值的发现。

最后，本研究涉及的行业较为有限，未来研究可以尝试覆盖更多的行业、更多的品类，并进行相应的比较，以探讨行业特性对品牌危机事件溢出效应的影响。此外，本研究主要关注短期内外国品牌危机事件造成的影响，未来研究可以进一步探讨外国品牌危机事件对消费者本土品牌偏好及其购买行为的长期影响。

## 下篇

# 品牌危机对消费者
# 新产品采纳意愿的影响

# 8

# 绪论（下篇）

# 8 绪论（下篇）

## 8.1 研究背景

如前所述，近年来，随着新闻媒体以及社会监督力量的增强、消费者权益保护意识的提升以及自媒体的兴起，品牌危机事件在网络传播的速度更快也愈发受到大众关注，企业更应引起重视并警惕。品牌危机事件的发生使消费者对问题产品的感知风险提升、购买意愿下降，产品的市场份额和渗透率降低，并且使企业声誉与品牌资产严重受损，也迫使企业由常态管理阶段进入危态管理阶段（Cleeren et al. 2017；Dawar and Pillutla，2000）。

在危态管理阶段，如何消除危机事件带来的负面影响、重塑企业形象并恢复市场竞争力成为企业的重点目标。尽管已有充分的论据表明，企业社会责任策略有助于修复企业形象、重新赢得消费者信任（Kim and Choi，2018；白琳、高洁，2023），然而，仅利用社会责任实践与公关活动进行危机修复远远不够。产品与服务是企业存续之本、发展之基，基于产品视角的危机修复路径同样具有探索价值。现实中，与三鹿这样在发生重大危机事件后走向破产清算的企业相比，更多的企业虽然深受危机事件影响，但在后续经营中会充分吸取教训、重整旗鼓乃至浴火重生；涉事企业在应对、缓和危机后，经常采取及时开发并推出新产品的举措，即通过改进原有产品或推出全新产品等方式来重新获得消费者接纳，实现消费者与品牌关系再续。

产品创新是企业最重要的营销活动之一，也是企业获取持续竞争优势的关键所在。尽管产品创新如此重要，但新产品推出后的成功率却不高，每年有超过一半的新产品由于不被市场认可而以失败告终（Andrew and Sirkin，2003）。相对于声誉良好的企业，存在品牌危机史的企业若要东山再起、使其新产品获得消费者采纳则更具难度与挑战。依据产品技术层面创新程度的差异，新产品通常可以划分为渐进型新产品（incremental new products）与突破型新产品（radical/really new products）这两种类型（Song and Montoya-

Weiss,1998；Mugge and Dahl,2013；Ma et al.,2014）。过往研究发现，由于两类新产品自身的创新性和风险性不同，消费者对其认知、态度较为复杂。在通常情况下，消费者对于两类新产品的偏好并不会呈现出特定的倾向，而是会受到消费者特质（Dahl and Hoeffler,2004；黄静 等,2019）以及多种情境因素（Heidenreich and Kraemer,2016；王海忠、闫怡,2017）的影响。然而，受过往品牌危机事件的影响，不同的新产品策略可能带来截然不同的消费者评价。2016 年，三星 Note 7 型手机相继发生多起电池爆炸起火事件，爆炸事故发生后，三星将 Note 7 型手机召回，进行电池更换，并遵照循序渐进的路径推出 Note FE、Note 8 等 Note 系列新产品。然而，这种同系列改进型新产品并没有得到消费者的认可，Note 7 型手机爆炸的负面影响一直持续到 Note 20，该系列手机销量惨淡，即使采取降价策略销量也并无较大起色。与之不同，康泰克在经历"PPA 事件"后于次年推出"不含 PPA"的新品感冒药，随即在短短三个月内迅速收复丢失的市场、销量恢复至危机前的 70%；农夫山泉在"标准门"事件后则着力于开发与原产品截然不同的高端水、婴儿水系列，新产品面世后拉动销量强劲增长，其中高端水系列更于次年成功入选 G20 峰会独家用水，实现危机后的华丽转身。然而，相对于企业界的大胆尝试，学术研究领域尚未针对这一问题展开充分探讨。

鉴于此，本项研究旨在突破现有对品牌危机修复策略的认知，深入探究企业在危态管理阶段采用不同的新产品策略对消费者采纳意愿的影响及其潜在的作用机制和边界条件。具体而言，不同于常态管理阶段对消费者新产品采纳意愿的探讨，本项研究着力探究存在品牌危机史的企业在危态管理阶段推出的新产品，是否会由于较大的相似性使得消费者在面对渐进型新产品时更容易联想到原危机产品，并受到其负面溢出效应的影响，从而使得相比于差异性较大的突破型新产品，渐进型新产品较难获得消费者的积极反响。立足于产品视角对品牌危机修复策略进行探索，本项研究希望能够为曾发生品

牌危机事件且正在努力寻求"破局"的企业提供有价值的启示以及可实践的思路。

## 8.2 研究意义

### 8.2.1 理论意义

本项研究的理论意义主要体现在以下三个方面。

第一，本项研究有助于拓展对品牌危机事件溢出效应影响范围的探讨。品牌危机事件给涉事企业带来的负面影响不容小觑，不同于以往学者们所探讨的品牌危机对同行竞争品牌及其产品的溢出效应，本项研究关注到危机事件发生后，涉事企业后续推出的新产品亦会受到溢出效应的影响，并在此基础上探讨品牌危机后涉事企业应该采取的新产品策略，丰富了同化-对比效应的适用情境，具有一定的理论补充意义。

第二，本项研究有助于丰富对消费者新产品采纳意愿影响因素的认知。现有研究表明，消费者对于渐进型新产品和突破型新产品并没有特定的偏好倾向，而是会受到多种因素的影响。而本项研究聚焦探讨品牌危机情境中消费者对新产品的偏好，并且推断品牌危机事件是一种重要的情境因素，过往品牌危机史能够影响消费者对不同类型新产品的采纳意愿。

第三，本项研究提供了一个新颖的有关品牌危机修复策略的研究视角。过往对品牌危机修复策略的研究视角较为单一，多数研究局限于关注社会责任策略对品牌危机的修复作用，而本项研究将视角延伸至新产品策略层面，将品牌危机和产品创新两个领域进行融合研究，以深入探讨危机情境下的产品创新策略对消费者采纳意愿的影响以及对品牌危机修复的作用。

## 8.2.2 实践意义

在自媒体时代,企业被曝光品牌危机事件的频率不断增加,并且与传统媒体时代相比,具有更强的突发性与更广泛的关注性。在此现实背景下,除了对品牌危机事件的预警与应对策略展开研究与探讨,对危机事件发生后涉事品牌如何重整旗鼓、东山再起的广泛探索与科学研究,也具有较强的必要性与现实意义。

聚焦此问题,一方面,本项研究通过深入剖析消费者对涉事品牌新产品的反应,以期为涉事品牌在危态阶段的营销管理提供一个可参考的方向——如何通过有针对性的新产品开发与推广策略以重新获得消费者的接纳、实现与消费者的品牌关系再续,从而为被品牌危机事件阴霾所笼罩的企业走出困境、重开新局提供有针对性的且可行的路径参考。另一方面,本项研究综合考量危机事件相关因素(如危机归因类型、危机应对策略)、消费者特质因素(如解释水平)以及新产品相关因素(如产品外观新颖性、产品陈列方式),探究这些因素如何调节涉事品牌新产品类型对消费者采纳意愿的影响,明确影响机制的边界条件,从而助力涉事企业结合品牌危机具体情境,更精准地预测不同类型新产品策略的效果。

# 消费者新产品采纳研究现状与述评

## 9.1 产品创新

在快速变化与竞争加剧的商业环境中，创新已然成为企业提高绩效、实现可持续竞争优势的关键解决方案，诚如美国管理学大师马斯·彼得斯所说的"要么创新，要么死亡"。产品创新是企业的战略重点，成功引入新产品能够使企业获得颇为可观的利润（Jhang et al.，2012）。Kim 等（2012）将创新分为管理创新和技术创新，在此基础上，又根据创新程度的不同，将技术创新细分为渐进式创新和突破式创新（又称激进式创新）。渐进式创新往往侧重于现有知识和信息的组合与利用，对现有的产品和技术进行提升，是一种改进式的、较为缓慢的精益求精的创新过程，目的是改善现有产品市场领域，满足已有消费者或市场的需求；相对于渐进式创新而言，突破式创新更加注重内容、功能和本质上的创新，它并不是在原有基础上的修补改进，而是一种对现状的全新挑战和彻底改变，目的是改变消费者的消费模式，扩大新的市场机会，满足潜在消费者或市场（Henderson and Clark，1990；Ozer and Zhang，2015）。

战略视角的产品创新的研究主要集中在影响两类创新模式选择的因素和两类创新模式带来的不同成效两大方面。

首先，环境不确定性、各类资本、企业能力、企业文化等因素均能够对创新模式的选择产生影响。Koberg 等（2003）的研究指出，环境变动性越大，企业越倾向于从事创新，尤其是突破式创新。李妹和高山行（2014）的研究更为具体，指出环境不确定性的三个维度分别对渐进式创新和突破式创新具有不同的影响：技术不确定性负面影响渐进式创新，正向影响突破式创新；竞争强度负向影响突破式创新，但对渐进型创新并不具有显著影响；需求不确定性对渐进式创新和突破式创新的影响均不显著。张慧颖和吕爽（2014）研究了各类资本对创新类型的影响，指出外部社会资本会正向

影响突破式创新，结构资本、内部社会资本和外部社会资本都会正向影响渐进式创新。弱关系和强关系都是企业的重要社会资本，均能够促进突破式创新，且弱关系对突破式创新的影响大于强关系（王永健 等，2016）。Forés 和 Camisón（2016）的研究指出：企业知识积累能力正向影响渐进式创新，吸收能力能够促进突破式创新；集体主义文化有助于促进突破式创新，而个人主义文化则有助于促进渐进式创新（杨建君 等，2013）。

其次，产品创新类型与创新绩效之间的关系也积累了丰富的研究成果。过往研究发现，渐近式创新和突破式创新是提升企业绩效的两种重要途径，二者的平衡对于提升绩效的效果更为出色（李剑力，2009），且两种创新方式与企业战略和环境竞争性的外部匹配对绩效有显著影响（李忆、司有和，2008），环境不确定性程度越高，越需要两种创新方式的平衡来提升企业绩效（李剑力，2009）。此外，也有学者指出，虽然两种不同的创新均能够促进创新产品绩效，但突破式创新的作用更为显著（张婧、段艳玲，2011）。引入新产品能否成功归根结底还是在于能否获得消费者的认可和接纳，随着战略领域对产品创新研究的不断深入，近年来渐进式和突破式创新模式下的产物——两种不同类型的新产品与消费者的情绪和行为反应开始引起越来越多营销领域学者的关注，开始探讨消费者创新产品如何能够被更好地理解、采纳和传播。

## 9.2 新产品类型

新产品是指在原有产品的基础上，从整体或部分入手对其进行改造或创新，从而使得新产品在形态、功能或使用方式等方面优于现有产品的基础上，能够满足顾客的全新需求的产品（Hawkins and Dell，2007），具有一定的独特性、社会性和风险性（Ma et al.，2013；黄敏学 等，2016；Hoeffler，2003）。也有研究者认为，新产品不仅是指一般意义上的全新产品或者更新

后的新产品，还包括新理念、新服务、新体验（Im et al.，2003；蒋廉雄等，2015）。新产品是企业占领市场的重要手段，如果企业不能够成功引入新产品，其市场份额和利润可能会急剧下降（Hoeffler，2002），因此如何更好地制定新产品营销策略对企业而言至关重要（马宇泽 等，2017）。

现有研究对于新产品类型的划分具有多种不同的标准。

首先，如前所述，双元创新理论认为，突破式创新与渐进式创新是两种不同类型的创新模式。相应地，依据创新程度的差异可以将新产品划分为渐进型新产品（incremental new products）和突破型新产品（radical new products），这种分类方式具有较强的影响力（Zhao et al.，2009；Ma et al.，2014；杜晓梦 等，2015）。突破型新产品（或称革新型新产品、颠覆型新产品）通常源于突破式创新，是企业采用产业里未曾使用的新技术从而创造出全新类型或全新功能、对整个行业造成较大影响或引起重要变化的产品（Chandy and Tellis，1998；朱华伟 等，2022），通常至少具有以下特点中的一个：①采用产业里从未采用过的技术；②对整个行业形成影响或者引起重大变化；③是市场上全新的或其品类中的最初产品（Song and Montoya-Weiss，1998）。渐进型新产品（或称持续改进型新产品）则是指在现有产品基础上进行调整、改进的产品，与现有产品相比，此类新产品能够为消费者提供的附加益处也较少，消费者对产品创新度的感知相对较低（Song and Montoya-Weiss，1998；朱华伟 等，2022）。相比渐进型新产品，突破型新产品体现出更高的新颖性，因此更能够获取消费者的关注和兴趣（Fuchs and Diamantopoulos，2012）；并且由于拥有全新的产品功能和设计，突破型新产品在有用性方面往往更具优势，消费者对突破型新产品的感知创新度相对较高（Hoeffler，2003；Nielsen et al.，2018）。然而，突破型新产品往往也会由于更高的性能不确定性带来更高的感知风险（Hoeffler，2003；Colombo et al.，2017）。同时，相比渐进型新产品，突破型新产品具有更大的学习难度（Alexander et al.，2008）。本项研究借鉴此种影响力较强的分类方式，依据消费者感知创新程度的不同,将新产品分为渐进型新产品和突破型新产品。

其次,依据新产品所属的品类是否与品牌典型的品类一致,可以将新产品划分为典型品类新产品和非典型品类新产品(Boush and Loken, 1991; Loken and John, 1993),典型品类新产品指的是在改进既有产品的基础上而推出的品类相同的新产品,而非典型品类新产品指的是在既有产品品类之外开发的新产品。

最后,根据与原有产品突出不一致的方面,新产品可分为视觉不一致新产品和概念不一致新产品(Noseworthy and Trudel, 2011)。视觉不一致新产品是针对市场上现有产品的外观所进行的改变,让消费者获得视觉创新和美学享受所带来的价值;概念不一致新产品则是在功能属性层面所做的改进,能够让消费者感知到更多的功能利益。

## 9.3 消费者新产品采纳意愿的影响因素

新产品采纳指的是消费者决定采用创新产品的意向和行为决策(Rogers, 1995)。现有研究表明,消费者对新产品的采纳意愿主要受到新产品自身特征、消费者特质以及情境因素这三方面因素的影响。新产品自身特征包括新产品的创新性和风险性(罗勇 等,2013)、认知难度和沟通成本(杨强 等,2017)等;消费者特质包括消费者创新性(陈文沛 等,2010)、消费者创造力(Citrin, 2000)、消费者孤独感(陈瑞、郑毓煌,2015)以及消费者对价值创造过程的关系嵌入(Troye et al., 2012)等;情境因素包括社会排斥(郝放 等,2018)、新产品所处的背景色彩(柳武妹、梁剑平,2015)、陈列方式(李东进 等,2018)、评论一致性程度(黄敏学 等,2016)、沟通方式(马宇泽 等,2017)、是否试用和触摸(刘建新、范秀成,2020;柳武妹 等,2018)、混乱环境(陈辉辉 等,2013)等。

具体分析渐进型新产品和突破型新产品采纳意愿的影响因素，现有研究表明，产品层面的有用性和易用性、新颖性和风险性等，消费者层面的调节定向、思维方式、自我建构类型以及情境因素层面的代言人类型、在线购物情境等均能够对渐进型新产品和突破型新产品的评价和采用产生影响。

首先，新产品自身特征尤其是新产品的创新性与风险性是影响消费者评价与采纳意愿的重要因素（Henard and Szymanski，2001）。由于突破型新产品体现出更高的新颖性，因此更容易引起消费者的注意和兴趣，并且改变消费者对产品的评价依据，进而使消费者的偏好从现有产品转向此类新产品（Bagga et al.，2016）。相对于渐进型新产品，突破型新产品拥有全新的产品功能和设计，因此会传递出更强的产品有用性与产品效用（Hoeffler，2003；Nielsen et al.，2018）。然而，突破型新产品往往也会由于较高的性能不确定性带来较高的感知风险，而消费者对于新产品的感知风险则负向影响消费者对新产品的采纳意愿（Hoeffler，2003；郝放 等，2018；朱华伟 等，2022）。同时，突破型新产品的学习难度较大，也会使部分消费者望而却步，转向购买学习难度相对较小的渐进型创新产品（Alexander et al.，2008）。涂荣庭等（2011）的研究进一步表明，当消费者面对全新的产品时，除了感知到与一般产品类似的财务风险、功能风险、身体风险、社会风险以及心理风险这五种风险外，消费者还会感知到新产品具有的三种学习性风险，即体现在学习时间、遭遇困难以及解决问题三个方面，而学习性风险则与消费者对产品的易用性评估显著负相关。Ma 等（2015）研究指出，对于突破型新产品来说，处于边缘位置的创新会比处于中心位置的创新更有助于降低消费者的感知风险，从而提升其对新产品的喜爱程度及采纳意愿。另外，从产品定位角度出发，消费者对采用功能性定位的突破型新产品和体验性定位的渐进型新产品的评价更高（Noseworthy and Trudel，2011）。

其次，消费者特质也是影响消费者新产品采纳意愿的重要因素。创新特质更高或创造力更强的消费者更容易发掘新产品的优点，同时他们具有更高

的胆识、更愿意放弃原有的选项和消费模式，购买不同于以往的全新产品（Arts et al.，2011；曾伏娥 等，2022）。类似地，促进型（vs. 防御型）聚焦导向的消费者也更看重新产品带来的价值与希望、对新产品蕴含的风险性更不敏感，因此更倾向于选择突破型新产品而非渐进型新产品（Herzenstein et al.，2007）。杜晓梦等（2015）的研究进一步指出，促进定向的消费者和防御定向的消费者对于有关渐进型新产品和突破型新产品评价的看法不尽相同，对于促进定向的消费者来说，新产品相关评论的正负性并不影响消费者对其有用性的感知，然而对于防御定向的消费者而言，相比正面评价，负面评论的有用性显著更高。消费者的思维方式会影响消费者对渐进型新产品和突破型新产品的采用意愿。成长型思维模式的消费者对渐进型新产品的采纳意愿更高，而重新开始型思维模式的消费者则对突破型新产品的采纳意愿更高（黄静 等，2019）。此外，自我建构类型也是影响消费者采用两类新产品的重要因素之一。独立型自我建构或重新开始型思维模式的消费者倾向于采纳突破型新产品，而互依型自我建构或成长型思维模式的消费者则倾向于采纳渐进型新产品（Ma et al.，2014）。

最后，在情境因素层面，心理模拟与可视化方法（Zhao et al.，2009）、有关新产品的口碑（黄敏学 等，2016）、新产品代言人类型（朱华伟 等，2022）以及环境温度（朱华伟 等，2022）等情境因素会影响消费者对新产品的评价与采纳意愿。Dahl 和 Hoeffler（2004）研究表明，当渐进型新产品采用自我相关心理模拟时会得到更好的产品评价，当突破型新产品采用他人相关心理模拟时会带来更好的产品评价。新产品评论的不一致性会影响消费者对新产品的购买意愿，并且对于突破型新产品（vs. 渐进型新产品）而言，两极分化程度较为严重的评论能够正向促进消费者对该类型新产品的购买意愿（黄敏学 等，2016）。呈现避害型信息（如购买该产品可以减少学习上的困难）有助于降低消费者感知到的一般风险，而趋利型信息（如产品具有多样功能）则有助于降低消费者感知到的学习风险（涂荣庭 等，

2011）。对于突破型新产品的广告，防御定向的信息框架会比促进定向的信息框架引发更积极的产品态度和更高的购买意愿；反之，对于渐进型新产品的广告，促进定向的信息框架比防御定向的信息框架则会引发消费者更积极的产品态度和更高的购买意愿（罗勇 等，2013）。代言人类型会影响消费者对两类新产品的品牌态度。当突破型新产品采用虚拟明星代言人时，消费者对其购买意愿更高；而渐进型新产品采用真实明星代言人能有效促进消费者的购买意愿（朱华伟 等，2022）。刘志超和邹晓莹（2021）的研究发现，在线购物情境也能够影响消费者对两类新产品的采纳意愿，网红直播带货情境能够促进消费者对渐进型产品的采纳意愿，而购物平台推荐情境能够促进消费者对突破型新产品的采纳意愿。端正的品牌标识会让消费者对突破型新产品产生更高的可靠性评价，倾斜的品牌标识会让消费者对渐进型新产品产生更高的创新性评价（周小曼 等，2019）。另外，朱华伟等（2022）的研究表明，相比低温环境，处于高温环境中的消费者由于降低了风险感知从而提高了对新产品的采用意愿；因此，相对于渐进型新产品，消费者处于高温环境中比低温环境下会呈现出更高的对突破型新产品的采纳意愿。

## 9.4 新产品采纳相关研究简评

经过对现有文献的梳理与分析发现，虽然在营销领域对于新产品类型与消费者采纳意愿的探讨逐渐获得学者们的关注，但是研究视角与结论还有待进一步丰富。现有研究表明，消费者对于新产品的认知与态度较为复杂，他们并不会一味地偏好学习难度低、使用风险小的渐进型新产品，在特定情境下，反而会倾向于采用突破型新产品（朱华伟 等，2022）。不同于以往在常态情境（非危机情境）中展开的探讨，本项研究从品牌危机后涉事品牌的产品创新及其效果这个独特的视角切入，旨在具体分析在品牌危机情境下消费者对两类新产品的采纳意愿是否具有倾向性，以进一步发现创新产品类型

对消费者评价与接纳新产品可能产生的影响及其潜在的心理作用机制，并对其发挥作用的边界条件进行分析，以实现对现有研究的拓展与补充。具体而言，本项研究试图回答：存在品牌危机史的企业推出渐进型新产品时是否会由于与原危机产品的相似性更可能引发消费者的负面联想，从而很难获得积极的市场反响？相对而言，该类企业推出突破型新产品是否更易获得消费者的认同，从而更有助于实现消费者与品牌关系再续？

# 10

# 品牌危机对新产品采纳的影响及其机制

## 10.1 研究假设

### 10.1.1 品牌危机对消费新产品采纳意愿的影响

如前所述，新产品的特征尤其是新产品的创新性和风险性是影响消费者评价与接纳意愿的重要因素。尽管渐进型新产品的创新性相对较弱，但不确定性与风险相应较小；而突破型新产品尽管创新性相对较强，但同时不确定性与风险也相对较大（Nielsen et al.，2018）。由于各有利弊，大部分研究表明，消费者在通常情况下对于两类新产品的偏好不会呈现出特定的倾向，而是受到消费者创新性、调节聚焦导向、自我建构类型以及思维模式等个体因素等情境因素的影响（Herzenstein et al.，2007；Ma et al.，2014；黄敏学 等，2016；黄静 等，2019）；也有少数研究认为，由于损失厌恶倾向，消费者会消极抗拒新产品（Heidenreich and Kraemer，2016）或者更偏好渐进型新产品而非突破型新产品（Alexander et al.，2008；Hoeffler，2003）。然而，关注品牌危机情境的研究发现，企业曾经发生的产品召回事件会对其新产品销售绩效产生负面溢出效应（于文颂 等，2020；张少峰，2021）。在此基础上，本项研究进一步推测，危机事件发生后，企业后续推出新产品的创新程度会影响消费者对原有产品及与之相关的危机事件的联想，而这种负面联想认知将会成为阻碍消费者采纳新产品的关键因素。

联想网络模型（或称激活扩散理论）是阐释品牌危机事件向同类产品溢出的主要作用机制（Dahlén and Lange，2006）。依据该模型，危机事件溢出效应主要源于消费者的联想认知（也即记忆激活）过程，危机产品与关联品牌产品或竞争企业同类产品之间的关联度越强、相似性越高，危机事件对其产生的传染效应也越强（Borah and Tellis，2016；方正 等，2013；Wu et al.，2020）。据此，本项研究推测，危机后涉事企业推出的新产品与原危机

产品之间的关联度与相似性也会影响消费者的联想认知，进而影响过往品牌危机事件对新产品产生的溢出效应。具体而言，渐进型新产品是对现有产品进行的优化、改进或依赖于原有技术路径进行的改良创新，与企业原有产品之间难免仍然存在一定的关联与相似；而突破型新产品则是基于革新性的理念或技术创造出的新产品，与原有产品的关联较弱甚至截然不同（Herzenstein et al., 2007; Ma et al., 2014; Song and Montoya - Weiss, 1998）。因此，相对于创新程度较大的突破型新产品，消费者在面对创新程度较小的渐进型新产品时，更容易联想起曾发生危机事件的原有产品，进而对涉事企业推出的渐进型新产品的认知及采纳意愿也更容易受到过往危机事件的影响。换言之，企业曾经发生的品牌危机事件会对其后续渐进型新产品（vs. 突破型新产品）产生更强的负面溢出效应。综上所述，本研究提出如下假设：

*H7*：相较于企业在品牌危机发生后推出的突破型新产品，消费者对企业推出的渐进型新产品的采纳意愿更低。

## 10.1.2 感知相似性与感知风险的链式中介作用

现有研究表明，相似性是影响个体认知决策的主要因素之一，主要体现为相似性有助于个体的认知、情感、态度和意愿从一个产品/品牌迁移到另一个产品/品牌（Gierl and Huettl, 2011）。在品牌危机情境中，竞争企业同类产品与危机产品的相似性越高，意味着产品记忆节点在消费者联想记忆网络中的联系越紧密，产品信息的可诊断性也越高，从而导致品牌危机对同类产品的传染效应也越强（Borah and Tellis, 2016; 范宝财 等, 2014; 方正 等, 2013）；并且产品属性层面的相似性比品牌整体层面的相似性具有更强的信息可诊断性，因此对溢出效应具有更强的预测力（范宝财 等, 2014; 方正 等, 2013）。

如前所述，在新产品评价情境中，感知风险通常被视作影响消费者新产

品评价与采纳的重要因素（Ma et al., 2015; Nielsen et al., 2018; 朱华伟等, 2022）。本项研究推断，在品牌危机事件发生后，不同类型新产品（渐进型新产品 vs. 突破型新产品）与原危机产品之间的相似性及由此引发的负面联想，会直接影响消费者对新产品购买的风险感知，进而影响消费者对新产品的采纳意愿。换言之，感知相似性和感知风险在新产品类型与消费者采纳意愿的关系中发挥链式中介作用。

具体而言，依据联想网络模型与可接近-可诊断模型（Dahlén and Lange, 2006; Feldman and Lynch, 1988），由于渐进型新产品是在原危机产品的基础上改良与优化，创新程度有限，消费者会感知到新旧产品之间仍然存在一定的相似性，从而容易联想起原危机产品并认为过往危机事件具有较高的可诊断性，因此在危机情境中（vs. 非危机情境）会对此类新产品产生更强的风险感知；反之，突破型新产品由于较高的创新程度而与原危机产品呈现较大的差异，原产品的可接近性较低，其危机事件的可诊断性也较低，因此，消费者在危机情境中（vs. 非危机情境）对此类新产品的感知风险则不易受过往危机事件的影响。对于曾发生品牌危机事件的企业而言，其后续推出的渐进型新产品不仅在创新程度方面（创新带来的效用与利益）逊色于突破型新产品，而且由于与原危机产品有较高的相似性，消费者对其感知风险也会显著高于突破型新产品，基于利弊权衡，消费者对涉事企业推出的渐进型新产品的采纳意愿就会明显低于突破型新产品，这使得渐进型新产品在市场竞争中更显劣势。据此，本项研究提出如下假设：

*H*8：品牌危机后企业新产品类型通过感知相似性与感知风险的链式中介作用对消费者采纳意愿产生影响。

## 10.2 研究五：品牌危机对新产品采纳的影响

### 10.2.1 预实验

本项预实验（预实验4）的主要目的是检验手机作为新产品类型刺激材料的有效性。依照实验流程，被试通过随机分配进入两个不同的组别（渐进型新产品组 vs. 突破型新产品组）。渐进型新产品组的被试被告知新款手机为原有手机的升级款，优化了充电系统，提升了充电效率，使得充电需要的时间更短，且优化的电路板设计让该手机实现循环充电进而减少对电池的损伤，实现快速充电的同时可对手机进行有效的安全养护。突破型新产品组的被试被告知新款手机为全新系列产品，采用先进的光能发电技术，该技术能将人造光和太阳能转化为手机的电能，将光线采集晶体放在手机之上，就可以将光线转为电能，突破性地提升了手机电池的续航能力，增强了手机使用的安全性。在阅读相应材料后，被试将会对产品创新性做出评价，测量量表借鉴 Herzenstein 等（2007）的研究，包括"这款产品有多新奇"（1 = 非常不新奇，7 = 非常新奇）和"这款产品有多创新"（1 = 非常不创新，7 = 非常创新）两个题项（Cronbach's $\alpha$ = 0.83）。

预实验4通过见数平台招募被试并收集样本数据，共有60名被试参与了实验，其中约53.33%的被试是男性，平均年龄约为30岁，31.67%的被试月收入在5 000元及以下（其余46.67%在5 001~10 000元，20.00%在10 001~15 000元，1.66%在15 000元以上）。在对新产品类型材料的有效性检验上，方差分析结果显示，突破型新产品组的被试感知的产品创新性显著高于渐进型新产品组 [$M_{突破型新产品}$ = 6.25 vs. $M_{渐进型新产品}$ = 5.05，$F(1, 58)$ = 26.07，$p$<0.001]。因而，手机的新产品类型材料可用于主实验。

## 10.2.2 研究设计

研究五的主要目的是用消费行为实验法严谨检验品牌危机事件发生后涉事企业推出的新产品类型是否会影响消费者对新产品的采纳意愿。基于危机溢出效应的视角，研究有助于揭示企业过往品牌危机事件是否会对其后续新产品产生溢出效应以及对不同类型新产品的溢出效应是否会有差异。

研究五采用 2（新产品类型：渐进型新产品 vs. 突破型新产品）×2（品牌危机：有 vs. 无）的组间因子设计，其中，过往没有品牌危机发生的情境作为实验的参照组。本项研究通过见数平台（Credamo）收集数据，剔除其中答题时间过短的 3 名被试，最终样本包含了由 117 名被试提供的数据（被试信息如表 10.1 所示）。其中，45.3% 的被试为男性，平均年龄是 28 岁，75.2% 的被试月收入在 1 万元以下（其余 15.4% 在 1 万~1.5 万元，9.4% 在 1.5 万元以上）。

表 10.1 研究五样本描述性统计信息

| 项目 | 类别 | 样本数 | 占比（%） |
| --- | --- | --- | --- |
| 性别 | 男 | 53 | 45.3 |
|  | 女 | 64 | 54.7 |
| 年龄 | 25 岁及以下 | 36 | 30.8 |
|  | 26~30 岁 | 55 | 47.0 |
|  | 31~35 岁 | 21 | 17.9 |
|  | 36~40 岁 | 5 | 4.3 |
|  | 40 岁以上 | 15 | 9.6 |
| 教育背景 | 大专及以下 | 5 | 4.3 |
|  | 本科 | 99 | 84.6 |
|  | 硕士研究生 | 12 | 10.3 |
|  | 博士研究生 | 1 | 0.8 |

续表

| 项目 | 类别 | 样本数 | 占比（%） |
|---|---|---|---|
| 月收入水平 | 5 000 元及以下 | 26 | 22.2 |
| | 5 001~10 000 元 | 62 | 53.0 |
| | 10 001~15 000 元 | 18 | 15.4 |
| | 15 000 元以上 | 11 | 9.4 |

实验采用的刺激物是手机这一常见的电子消费产品。依据实验流程，所有被试通过随机分配进入不同的实验组别。首先，实验对危机事件情境进行操控，品牌危机情境组的被试通过阅读材料了解到某虚拟品牌手机曾发生的危机事件，即该品牌手机存在设计缺陷、易在充电时由于温度过高导致手机电池爆炸，致使多名消费者发生不同程度的皮肤烧伤。危机事件材料改编自三星手机爆炸事件，且已经过预实验测试。在阅读危机事件材料后，被试需要对事件可信度、严重性等多个方面做出评价。其次，被试阅读到危机事件发生6个月后，该涉事企业面向市场推出的新产品相关信息；而非危机情境组被试则跳过危机事件材料刺激，直接进入新产品评价环节。新产品类型的操控材料已经过预实验的检验，其中，渐进型新产品组的介绍材料强调新款手机为原有手机的升级款，优化了充电系统、提升了充电效率，且优化的电路板设计能够减少循环充电对电池的损伤，提升了手机的安全性能；而突破型新产品组的介绍材料则强调新款手机为该品牌全新系列产品，采用先进的光能发电技术、可将太阳光和人造光转化为手机的电能，突破性地提升了电池的续航能力，增强了手机的安全性能。再次，被试需要对新产品采纳意愿、感知创新程度等多个方面做出评价。最后，被试填写人口统计相关信息，并在实验结束后领取相应的报酬。

实验中主要变量的测量均参考前人的研究且经过预实验的充分检验，并且均采用七点式李卡特量表（1=非常不同意，7=非常同意）。作为对新产品类型的操控检验，本项实验借鉴 Herzenstein 等（2007）采用的量表测量

消费者感知产品创新性,量表包含"这款产品有多新奇"和"这款产品有多创新"两个题项(Cronbach's $\alpha$ = 0.87)。对消费者采纳意愿的测量涵盖产品态度和购买意愿两个方面,借鉴 Ahluwalia 等(2000)、Dawar 和 Pillutla(2000)的研究,所用量表包括"这款产品很好""我对这款产品的态度是正面的""我很喜欢这款产品""我非常想要购买这款产品""我非常希望使用这款产品"五个题项(Cronbach's $\alpha$ = 0.91)。此外,实验过程中被试对品牌危机严重性("我认为这起品牌危机事件的危害性很大")和与自身关联度("我认为这起品牌危机事件与我的关联度很高")的评价将作为控制变量进行分析,以排除其对实验结果的影响。

### 10.2.3 研究结果

总体而言,品牌危机情境组被试认为对应材料呈现的品牌危机事件较为真实可信($M$ = 5.85,$SD$ = 0.85),并且性质较为严重($M$ = 5.98,$SD$ = 0.98)。操控检验结果表明,被试感知的突破型新产品的创新程度显著高于渐进型新产品的创新程度[$M_{突破型新产品}$ = 5.99 vs. $M_{渐进型新产品}$ = 4.53,$F(1, 115)$ = 59.75,$p<0.001$],与预实验的结果一致。

在操控检验得到支持的基础上,首先通过方差分析刻画不同情境中新产品类型对消费者采纳意愿的影响,结果表明,新产品类型[$M_{渐进型新产品}$ = 4.62 vs. $M_{突破型新产品}$ = 5.46,$F(1, 113)$ = 22.53,$p<0.001$]、危机事件情境[$M_{品牌危机}$ = 4.55 vs. $M_{无危机}$ = 5.57,$F(1, 113)$ = 36.58,$p<0.001$]以及两者的交互作用[$F(1, 113)$ = 18.61,$p<0.001$]对消费者采纳意愿均具有显著影响,其中,显著的交互作用表明不同情境中新产品类型对消费者采纳意愿的影响存在显著差异。具体而言(如图10.1所示),在作为参照组的非危机情境中,新产品类型对消费者采纳意愿没有产生显著影响,即消费者对于突破型新产品和渐进型新产品的采纳意愿并无显著差异[$M_{渐进型新产品}$ = 5.54 vs. $M_{突破型新产品}$ = 5.61,$F(1, 53)$ = 0.22,$p$ = 0.65]。然而,在过往曾发生品牌

危机的情境中，消费者对涉事企业后续推出的突破型新产品的采纳意愿则显著高于对企业推出的渐进型新产品的采纳意愿 [$M_{渐进型新产品}$ = 3.82 vs. $M_{突破型新产品}$ = 5.32，$F(1, 60)$ = 28.70，$p<0.001$]；在充分考虑危机事件严重性 [$F(1, 58)$ = 1.32，$p=0.26$]、消费者与危机事件关联度 [$F(1, 58)$ = 0.01，$p=0.97$] 等控制变量的影响后，涉事企业新产品类型对消费者采纳意愿的影响仍然显著 [$F(1, 58)$ = 29.61，$p<0.001$]。因此，H7 得到有力支持。

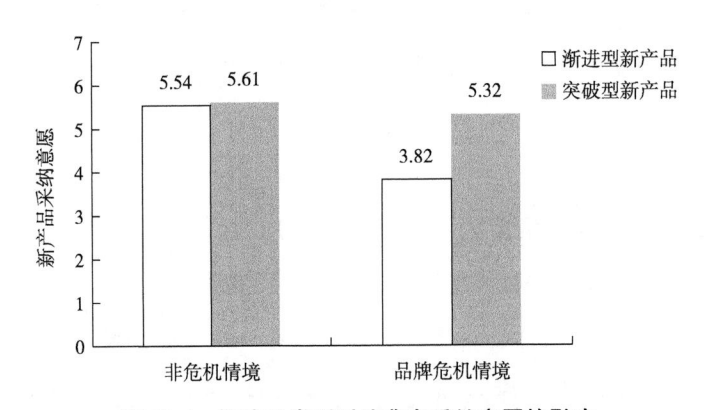

图 10.1 新产品类型对消费者采纳意愿的影响

事后比较结果进一步表明，与过往没有危机事件发生的情境相比，消费者在品牌危机情境中对渐进型新产品的采纳意愿显著降低 [$M_{无危机}$ = 5.54 vs. $M_{品牌危机}$ = 3.82，$F(1, 58)$ = 36.09，$p<0.001$]；尽管消费者对突破型新产品的采纳意愿也有所降低（边际显著），但相对而言变化的幅度很小 [$M_{无危机}$ = 5.61 vs. $M_{品牌危机}$ = 5.32，$F(1, 55)$ = 3.29，$p = 0.08$]。由此也表明，企业过往的品牌危机事件大幅降低了消费者对涉事企业后续渐进型新产品的采纳意愿，而对消费者采纳突破型新产品的意愿影响较弱。

## 10.2.4 讨论

研究五的结果表明，企业应高度警惕并充分评估过往品牌危机事件对其

后续新产品的负面溢出效应,以形成合理的市场预期。此外,不同于非危机情境,在品牌危机事件发生后,涉事企业后续推出不同类型的新产品极有可能引发截然不同的市场反响。相较于企业在危机后推出的渐进型新产品,消费者对企业推出的突破型新产品的采纳意愿更高。换言之,相对于突破型新产品,曾经发生的品牌危机事件对涉事企业推出的渐进型新产品产生了更强的负面溢出效应。在此基础上,接下来的研究旨在继续深入探究产生这一效应的深层作用机制以及潜在的边界条件。

## 10.3 研究六:感知相似性和感知风险的链式中介作用

### 10.3.1 预实验

预实验 5 的主要目的是检验充电宝作为新产品类型刺激材料的有效性。依照实验流程,被试通过随机分配到两个不同的组别(渐进型新产品组 vs. 突破型新产品组)。渐进型新产品组的被试被告知该款新产品为原有充电宝的升级款,研发团队改善了生产工艺,强化了过充和短路保护,扩充了电池容量,增强了充电宝的安全性和耐用性;而突破型新产品组的被试则被告知此款新产品为该品牌推出的全新系列产品,区别于传统充电宝,新款充电宝突破性地实现了将光能转化为电能的新技术,将充电宝放在光照环境下即可对充电宝充电,在对手机充电的过程中,新款充电宝采用先进的技术实现了智能充电,有效规避了电流过充等安全问题。在阅读相应材料后,被试将会对产品创新性做出评价,测量量表与预实验 4 一致,包括"这款产品有多新奇""这款产品有多创新"两个题项(Cronbach's $\alpha = 0.91$)。

预实验 5 通过见数平台招募被试并收集样本数据,共有 60 名被试参与了实验,其中约 33.33% 的被试是男性,平均年龄是 27 岁,36.67% 的被试月收入在 5 000 元及以下(其余 40.00% 在 5 001~10 000 元,13.33% 在

10 001~15 000 元，10.00%在 15 000 元以上）。在对新产品类型材料的有效性检验上，方差分析结果显示，突破型新产品组的被试感知的产品创新性显著高于渐进型新产品组［$M_{突破型新产品}$ = 6.07 vs. $M_{渐进型新产品}$ = 5.08，$F(1, 58)$ = 12.21，$p$ = 0.001］。因此，充电宝的新产品类型材料可用于主实验。

### 10.3.2 研究设计

研究六的主要目的有二：一是通过变换产品类型与危机事件材料以进一步检验研究五结果的稳定性，二是严谨检验品牌危机后涉事企业新产品类型作用于消费者采纳意愿的潜在心理作用机制。本项研究将品牌危机进一步区分为能力主导型危机与道德主导型危机两种不同的类型，以揭示当品牌危机事件与具体产品没有关联时，品牌危机后消费者对不同类型新产品的采纳意愿是否仍然存在明显差异。

研究六采用 2（新产品类型：渐进型新产品 vs. 突破型新产品）×3（过往品牌危机事件：能力主导型危机 vs. 道德主导型危机 vs. 无）的组间因子设计。本项研究通过见数平台（Credamo）招募被试并收集样本数据，共有 264 名被试参与了实验，其中约 46.6%的被试是男性，平均年龄是 31 岁，68.4%的被试月收入在 1 万元以下（详见表 10.2）。

表 10.2　研究六样本描述性统计信息

| 项目 | 类别 | 样本数 | 占比（%） |
| --- | --- | --- | --- |
| 性别 | 男 | 123 | 46.6 |
|  | 女 | 141 | 53.4 |
| 年龄 | 25 岁及以下 | 55 | 20.8 |
|  | 26~30 岁 | 123 | 46.6 |
|  | 31~35 岁 | 51 | 19.3 |
|  | 36~40 岁 | 25 | 9.5 |
|  | 40 岁以上 | 10 | 3.8 |

续表

| 项目 | 类别 | 样本数 | 占比（%） |
|---|---|---|---|
| 教育背景 | 大专及以下 | 5 | 2.0 |
| | 本科 | 99 | 84.6 |
| | 硕士研究生 | 12 | 10.3 |
| | 博士研究生 | 1 | 0.8 |
| 月收入水平 | 5 000 元及以下 | 71 | 26.8 |
| | 5 001~10 000 元 | 110 | 41.6 |
| | 10 001~15 000 元 | 54 | 20.5 |
| | 15 000 元以上 | 29 | 11.1 |

实验采用的刺激物是充电宝，实验总体流程与研究五类似。首先，针对危机事件情境进行操控，能力主导型危机情境组被试通过阅读相关材料了解到某虚拟品牌充电宝被媒体曝光存在品控缺陷导致充电时自燃并因此烫伤消费者的危机事件（材料改编自罗马仕等品牌充电宝自燃事件，且已经过预实验测试）；而道德主导型危机情境组被试则通过阅读相关材料了解到这款充电宝被查实存在虚构原价（误导性价格标示）及虚构技术专利等弄虚作假行为。在阅读危机事件材料后，被试需要对事件可信度、严重性等多个方面做出评价。接着，以上两组被试均会阅读到危机事件发生 10 个月后，该涉事企业面向市场推出的新产品相关信息；而非危机情境组被试则在阅读一段财经新闻材料后进入新产品评价环节。

实验通过预实验测试过的介绍材料操控新产品类型。渐进型新产品组被试了解到该款新产品为原有充电宝的升级款，研发团队改善了生产工艺，强化了过充和短路保护，扩充了电池容量，增强了充电宝的安全性和耐用性；而突破型新产品组被试则了解到此款新产品为该品牌推出的全新系列产品，区别于传统充电宝，新款充电宝拥有十余项新专利，能够有效规避电流过充问题、增强安全性，同时突破性地实现了将光能转化为电能的新技术应用。

其次，被试需要对新产品采纳意愿、感知创新程度、感知相似性以及感知风险等多个方面做出评价。最后，被试填写人口统计相关信息，并在实验结束后领取相应的报酬。

实验中对于消费者采纳意愿、感知产品创新程度等变量的测量与研究五保持一致。同时增加了对消费者创新特质测量，包括"我喜欢尝试使用具有新型功能的产品""我喜欢阅读新型产品的各种信息和新闻""我喜欢学习和掌握新产品的变化和特点"等三个题项（Cronbach's $\alpha=0.73$）（Ma et al., 2015; Mugge and Dahl, 2013; 劳可夫, 2013）。此外，感知相似性的测量包括"新款产品和原款产品给我相似的感觉""新款产品和原款产品给我相似的感觉""新款产品和原款产品品质知觉是相似的""新款产品和原款产品传递着相同的概念""新款产品和原款产品能满足我相似的使用需求"等五个题项（Baker et al., 2002; Gierl and Huettl, 2011; 方正 等, 2013; 青平 等, 2013）（Cronbach's $\alpha=0.77$）。感知风险的测量包括"新产品存在安全隐患""新产品存在较高的风险""新产品可能会对我造成伤害"等三个题项（Dawar and Pillutla, 2000; Ma et al., 2015; 吴剑琳 等, 2016）（Cronbach's $\alpha=0.90$）。实验中对主要变量的测量均采用七点式李卡特量表。

### 10.3.3　研究结果

总体而言，品牌危机情境组被试认为对应材料呈现的品牌危机事件较为真实可信（$M=5.76$, $SD=0.75$），并且性质较为严重（$M=5.91$, $SD=0.90$）。操控检验结果表明，被试感知的突破型新产品的创新程度显著高于渐进型新产品的创新程度 [$M_{渐进型新产品}=5.09$ vs. $M_{突破型新产品}=5.91$, $F(1, 262)=44.59$, $p<0.001$]，与预实验结果一致。

在操控检验得到支持的基础上，以品牌危机事件、新产品类型以及两者的交互项作为自变量，消费者新产品采纳意愿作为因变量，消费者创新特质作为控制变量进行方差分析，结果表明，在充分考虑消费者创新特质这一控

制变量的影响［$F(1, 257) = 144.21$, $p<0.001$］后，新产品类型［$M_{渐进型新产品} = 4.97$ vs. $M_{突破型新产品} = 5.53$, $F(1, 257) = 10.52$, $p = 0.001$］与危机事件情境［$M_{能力主导型危机} = 5.43$ vs. $M_{道德主导型危机} = 5.06$ vs. $M_{无危机} = 5.94$, $F(2, 257) = 20.90$, $p<0.001$］对消费者采纳意愿均具有显著的影响，同时，两者的交互作用对消费者采纳意愿也具有显著影响［$F(2, 258) = 4.98$, $p = 0.008$］，由此表明不同情境中新产品类型对消费者采纳意愿的影响存在显著差异。

具体而言（如图10.2所示），在企业过往无危机事件发生或曾发生道德主导型危机这两种情境中，新产品类型对消费者采纳意愿的影响不显著，即消费者对两类新产品的偏好不存在显著差异［过往无危机事件：$M_{渐进型新产品} = 5.87$ vs. $M_{突破型新产品} = 6.00$, $F(1, 87) = 0.95$, $p = 0.33$；曾发生道德主导型危机：$M_{渐进型新产品} = 4.98$ vs. $M_{突破型新产品} = 5.14$, $F(1, 85) = 0.73$, $p = 0.40$］。然而，企业在过往曾发生能力主导型危机事件的情境中，消费者对涉事企业后续推出的突破型新产品的采纳意愿则显著高于对企业推出的渐进型新产品的采纳意愿［$M_{渐进型新产品} = 4.95$ vs. $M_{突破型新产品} = 5.90$, $F(1, 86) = 18.52$, $p<0.001$］；即使在充分考虑危机事件严重性［$F(1, 83) = 0.45$, $p = 0.51$］、消费者与危机事件关联度［$F(1, 83) = 0.06$, $p = 0.81$］

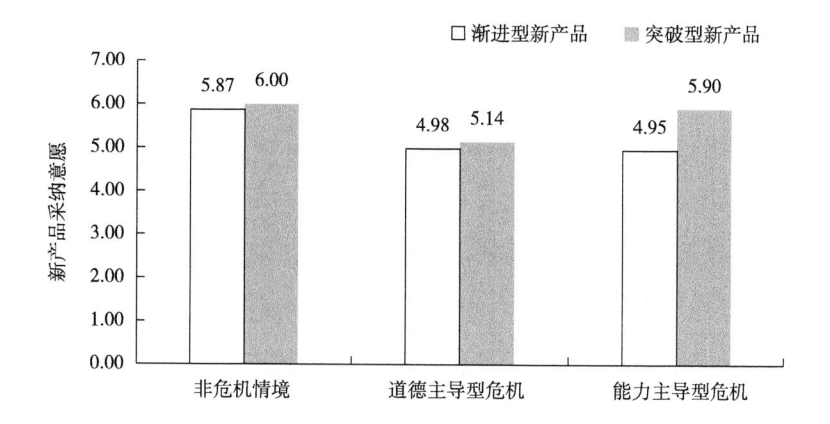

图10.2 不同情境中新产品类型对消费者采纳意愿的影响

以及消费者创新特质 [$F(1, 83) = 59.72$, $p<0.001$] 等控制变量的影响后,新产品类型对消费者采纳意愿的影响仍然显著 [$F(1, 83) = 17.34$, $p<0.001$]。因此,H7再次得到有力支持。

事后比较结果进一步表明,与过往无危机事件情境相比,消费者在能力主导型危机情境中对渐进型新产品的采纳意愿显著降低 [$M_{无危机} = 5.87$ vs. $M_{能力主导型危机} = 4.95$, $F(1, 89) = 16.98$, $p<0.001$],但对突破型新产品的采纳意愿却没有发生显著变化 [$M_{无危机} = 6.00$ vs. $M_{能力主导型危机} = 5.90$, $F(1, 84) = 0.76$, $p=0.39$]。然而,与过往无危机事件情境相比,消费者在道德主导型危机事件后不管是对涉事企业推出的渐进型新产品 [$M_{无危机} = 5.87$ vs. $M_{道德主导型危机} = 4.98$, $F(1, 90) = 32.83$, $p<0.001$] 还是对其突破型新产品 [$M_{无危机} = 6.00$ vs. $M_{道德主导型危机} = 5.14$, $F(1, 82) = 30.01$, $p<0.001$] 的采纳意愿均显著降低。

在能力主导型品牌危机情境中,相对于突破型新产品,消费者感知渐进型新产品与原危机产品之间的相似性更高 [$M_{渐进型新产品} = 4.23$ vs. $M_{突破型新产品} = 3.49$, $F(1, 86) = 13.56$, $p<0.001$],对渐进型新产品的感知风险也更强 [$M_{渐进型新产品} = 3.47$ vs. $M_{突破型新产品} = 2.57$, $F(1, 86) = 11.95$, $p = 0.001$];而感知相似性 [$\beta = -0.58$, $F(1, 86) = 31.56$, $p<0.001$] 与感知风险 [$\beta = -0.72$, $F(1, 86) = 172.81$, $p<0.001$] 对消费者采纳意愿均具有显著的负向影响。在此基础上,参照Hayes(2013)提供的Bootstrapping方法进一步开展中介效应检验,以新产品类型作为自变量、消费者采纳意愿作为因变量、感知相似性和感知风险作为潜在的链式中介变量,选择模型6,基于5 000样本量的重复测试结果表明(如图10.3所示),感知相似性和感知风险的链式中介作用的间接效应大小为0.16(SE = 0.08),其对应的95%的置信区间为[0.02, 0.33],该区间不包含0,表明链式中介效应显著,即新产品类型通过感知相似性和感知风险的链式中介作用对消费者采纳意愿产生影响。因此,H8也得到支持。

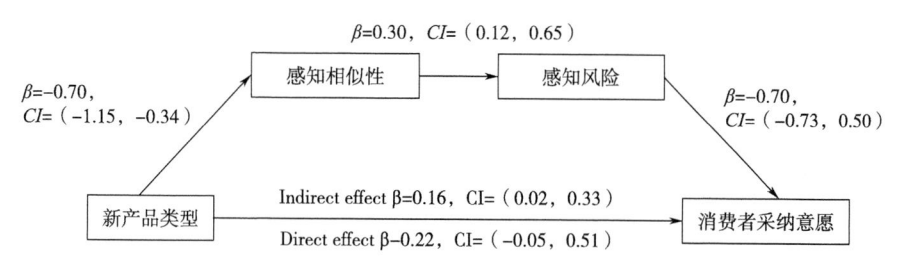

图 10.3　品牌危机情境链式中介效应检验结果

## 10.3.4　讨论

研究六的结果再次表明，不同于企业无危机事件发生的常态情境，在品牌危机事件发生后，涉事企业的新产品类型对消费者采纳意愿具有不可忽视的影响，表现为消费者对企业推出的突破型新产品的采纳意愿显著高于渐进型新产品。究其原因，主要在于消费者对涉事企业后续推出的渐进型新产品（vs. 突破型新产品）的感知创新程度相对较低，对这类新产品与原危机产品之间的感知相似性更强、感知风险也相应更高，从而对此类新产品的采纳意愿也相对较低。

进一步对比分析的结果表明，在非危机情境中，消费者对渐进型新产品的感知风险显著低于对突破型新产品的感知风险 [$M_{渐进型新产品}$ = 2.13 vs. $M_{突破型新产品}$ = 2.55，$F(1, 87)$ = 6.40，$p$ = 0.013]，这点与前人的研究结论一致（Herzenstein et al., 2007; Hoeffler, 2003; 朱华伟 等, 2022）。然而，若企业过往曾发生品牌危机事件，则会导致消费者在认知、评判企业新产品风险时高度警惕危机事件再次发生的可能性。故此，相对于非危机情境，在品牌危机情境中，由于渐进型新产品与原危机产品相似性较高，消费者对其感知风险显著提升 [$M_{无危机}$ = 2.13 vs. $M_{品牌危机}$ = 3.47，$F(1, 89)$ = 29.02，$p<0.001$] 并因此对其采纳意愿显著降低 [$M_{无危机}$ = 5.87 vs. $M_{品牌危机}$ = 4.95，$F(1, 89)$ = 16.98，$p<0.001$]；而他们对与原产品差异较大的突破型新产品

的感知风险 [$M_{无危机}$ = 2.55 vs. $M_{品牌危机}$ = 2.57, $F(1, 84)$ = 0.01, $p$ = 0.922] 及采纳意愿 [$M_{无危机}$ = 6.00 vs. $M_{品牌危机}$ = 5.90, $F(1, 84)$ = 0.76, $p$ = 0.385] 则没有发生明显变化。换言之，在品牌危机情境中，消费者对渐进型新产品感知风险的显著提升使两类新产品在消费者感知风险层面的优劣势发生逆转，导致渐进型新产品（vs. 突破型新产品）在创新程度与感知风险方面均处于劣势位置，因此，消费者表现出对此类新产品显著更低的采纳意愿。

研究六的结果同时表明，企业曾发生的不管是能力主导型危机事件还是道德主导型危机事件，均会对其后续推出的新产品产生负面溢出效应，但由于道德主导型危机事件与具体产品没有直接关联，因此对于不同类型新产品的溢出效应强度不存在显著差异。这可能是由于道德主导型危机事件的发生通常会损害消费者对于企业的基本信任，同时也更容易被认定为蓄意型而非过失型危机事件，从而令消费者对企业后续的言行均持怀疑态度（Barbarossa and Mandler, 2021；Kim and Choi, 2018），因此，在没有修复消费者信任或令其对企业诚信改观的情况下，消费者也就不愿意再接纳该企业的新产品，不管是渐进型新产品还是突破型新产品。反之，能力主导型危机事件则通常与具体产品有较强的关联性，因此，企业所推出的新产品与原危机产品之间的相似性会成为影响消费者采纳新产品意愿的关键因素，进而表现为消费者偏好与原产品相似性更低、颠覆性更大的突破型新产品而非渐进型新产品。故此，后续研究将重点关注关分析能力主导型危机情境而非道德主导型危机事件情境中消费者对新产品的采纳。

# 11

# 危机事件因素与消费者特质的影响作用

## 11.1 研究假设

### 11.1.1 危机事件归因的调节作用

社会互动中的个体具有对特定事件和行为结果进行原因剖析的心理倾向，在个体认知过程中，对可观测事件潜在原因的解释过程称为归因（Weiner，1986）。当重大或特别（尤其是与消费者自身有关联的）事件发生时，消费者最基本的反应是对这件事情进行归因，寻求一定的原因对事件进行解释，而归因会直接导致个体态度和行为的改变（Heider，1958）。有关品牌危机事件的研究表明，在品牌危机事件发生后，消费者也倾向于对事件进行责任归因，即消费者判断某事件或行为的原因和责任方的过程（Coombs，2007）。消费者对于品牌危机事件的归因倾向决定了他们在负面事件发生后的品牌态度、品牌信任、情绪反应、宽恕意愿、品牌转换行为、抵制行为以及报复行为等（Jorgensen，1994；Laufer，2002；Lee et al.，2011；王丽丽 等，2009）。

根据归因理论（attribution theory），归因过程会受到个人动机、所得到的信息以及信念等方面因素的影响（Folkes，1988）。明确归因控制点，即明确危机事件的原因来自内部还是外部是危机归因的关键，很大程度上决定了消费者对危机责任的鉴定（程霞，2016）。外因往往被视为"天灾"，危机事件发生源在企业外部，是不可控的因素；而内因往往是人为的，危机事件发生源在企业内部，是企业可以控制的因素（Laufer et al.，2005）。

现有研究表明，由内部可控因素引发的品牌危机通常会令消费者对企业的信任度大大降低（Mayer et al.，1995），并且传播关于企业的负面口碑（Coombs，2007a），从而对企业造成严重的负面影响。然而，一方面由

于"时间打折效应",消费者对涉事企业及其产品的评价通常会随着时间的推移有所回升(王财玉、雷雳,2014);另一方面,新产品具有可观的创新效用,能够为消费者提供区别于原有产品的新价值,因此,消费者对于涉事企业后续推出的新产品往往并非持全然拒绝的态度,而是在充分权衡利弊后做出采纳与否的决策。此时,消费者对与原危机产品具有较多相似点的渐进型新产品更易采取相似性检验,从而由于同化效应对此类新产品的采纳意愿相对较低;而对与原危机产品具有较大差异的突破型新产品则更倾向于采取相异性检验,从而由于对比效应对此类新产品表现出更强的采纳意愿。突破型新产品也更容易使消费者产生一种企业已经做出较大调整与改进的认知,因此,相较于企业在危机后推出的渐进型新产品,消费者更容易采纳企业推出的突破型新产品。

然而,对于外部不可控因素引发的危机事件,消费者感知到企业并非故意引致危机发生,事件不在企业的意志性可控范围内,因此,消费者较容易舒缓和释放负面情绪压力(Hattula et al.,2015),甚至对陷入危机的品牌及企业产生更多的关怀、同情甚至惋惜等情绪(Comyns et al.,2018),从而更可能表现出宽恕品牌、继续支持品牌的行为(Sinha and Lu,2016)。在此情境中,新产品类型对消费者采纳意愿的影响作用减弱甚至消失。综上所述,本项研究提出如下假设:

*H*9:品牌危机事件归因能够调节涉事品牌新产品类型对消费者采纳意愿的影响。对于内因型(vs. 外因型)品牌危机事件,涉事品牌新产品类型对消费者采纳意愿具有更强的影响作用。

## 11.1.2 危机应对策略的调节作用

在品牌危机发生后,企业在短时间内做出及时应对能有效降低危机带来的负面效应,保护品牌声誉与品牌资产(Coombs,2007b;卢强 等,2017)。依据方正等(2011)的研究,品牌危机应对策略可以分为三种类型:①缄

默策略（accommodative），即企业主动承担责任，采取退换产品、补偿等修复行动；②辩解策略（defensive），即企业否认存在问题，拒绝承担责任；③和解策略（reticence），即企业不对危机事件做出任何反应或者声称"无可奉告""暂时无法评论"等拒绝表态。

品牌危机发生后若企业采取缄默型应对策略，即没有明确否认其产品存在缺陷的可能性，也没有传递出任何正面的产品质量信息以坚定消费者信心，那么处于信息匮乏状态的消费者倾向于自行推测企业及其产品存在的问题，网络上对涉事企业及其产品的抨击乃至谣言也会迅速填补信息"真空"，从而强化消费者对涉事企业的负面态度（冯蛟 等，2015）。由于感知风险一直未消除，消费者对涉事企业后续推出的新产品仍然会持非常审慎的态度。相比于差异较大的突破型新产品，渐进型新产品由于与原危机产品具有更多的相似性信息，因此较难获得消费者的青睐与采纳。

然而，若企业采取辩解型应对策略，则能够传递出产品不存在缺陷的正面信息，进而有助于阻止负面信念的形成（方正 等，2011）。但辩解型应对策略无法传递出企业的担当与诚意，因此，处于矛盾态度的消费者仍然会有顾虑，对于企业后续新产品的考量仍然可能在一定程度上受到产品创新程度的影响。

相比之下，和解型应对策略则是通过承认过失、对消费者做出补偿以传递企业的责任担当以及不再犯错的诚意（Kim et al., 2004），从而能更有效地修复关系受损双方的合作意愿（Bottom et al., 2002）。在此基础上，本项研究进一步推断，和解型应对策略有利于增强消费者对企业后续新产品的信心，使危机事件负面信息对消费者新产品采纳意愿的影响较小，并且两类新产品的市场反响差异也会相对较小。

综上所述，本项研究认为，危机应对策略能够显著调节新产品类型与消费者采纳意愿之间的影响关系，由此提出以下假设：

$H$10：危机应对策略能够调节涉事品牌新产品类型对消费者采纳意愿的

影响。当涉事品牌采取缄默型应对策略时,其后续新产品类型对消费者采纳意愿的影响最强,辩解型应对策略次之,和解型应对策略影响最弱。

### 11.1.3 解释水平的调节作用

解释水平理论(construal level theory)源于社会心理学领域的研究,其核心观点是人们对事件的反应取决于对事件的心理表征,而这种心理表征具有不同的抽象程度(Trope and Liberman,1998)。其中一种是抽象表征,即高解释水平(High Construal Level,HCL),指人们倾向于采用深层的、抽象的、核心或主要的、脱离事件背景的思维方式思考和判断事物,聚焦于"为什么"、"渴望性"或"终极性"等与目标相关的问题;另一种是具体表征,即低解释水平(Low Construal Level,LCL),指人们倾向于关注事件的细节和背景,采用表面的、具体的、外围或次要的思维方式思考和判断事物,聚焦于"怎么办?"、"可行性"或"手段性"等与过程有关的问题(Trope and Liberman,2003)。

该理论能够用于解释心理距离如何影响个人的认知和行为。现有研究表明,个体的感知心理距离会影响个体认知事物的抽象程度,即解释水平。目前已发现的感知心理距离包括四个维度,即时间距离、空间距离、社会距离以及发生概率。总体而言,随着心理距离的增大,个体的解释水平也会随之升高(高解释水平),即人们更倾向于采用抽象表征;相反,当心理距离较小时,个体会采用较低的解释水平与具体表征,对事物以具体且情境化的方式进行描述(Freita et al.,2001;Liberman and Trope,1998;Nussbaum et al.,2003)。同时,感知心理距离也会受到个体所处的解释水平高低的影响,两者互为因果关系(Trope and Liberman,2010)。

具体到品牌危机情境,面对危机涉事品牌后续推出的新产品,低解释水平的个体更加关注有关"损失"的信息(White 等,2011),相对而言更容易受到危机事件负面信息的影响。同时,低解释水平的个体对事件进行表征

时更倾向于依赖外围化和背景化的信息（李雁晨 等，2009），而品牌曾发生的危机事件作为外围化和背景化的信息，会成为消费者评估新产品时参考的重要因素。此外，低解释水平个体对细节信息的注重会进一步使新产品和原危机产品之间的关联性被放大。因此，在危机情境下，低解释水平的个体更容易将对原危机产品的负面认知迁移至企业推出的新产品上，由于同化效应，对与原危机产品相似度较高的渐进型新产品（vs. 突破型新产品）做出更为消极的响应。

高解释水平的个体则更倾向于依据核心化、去背景化的特征对事物进行理解（李雁晨 等，2009），他们更加关注新产品的功能特征等主要属性信息，并且随着解释水平的提高，消费者感知的心理距离加大（Trope and Liberman，2010），进而消费者对危机事件的聚焦程度以及在此基础上产生的感知风险有所弱化（Thomas and Tsai，2012）。因此，高解释水平的消费者对新产品的评价较少受过往危机事件的影响，新产品类型对消费者采纳意愿的分化效应也将减弱甚至消失。基于此，本项研究提出如下假设：

H11：解释水平能够调节涉事品牌新产品类型对消费者采纳意愿的影响。当消费者具有较低（vs. 较高）的解释水平时，新产品类型对消费者采纳意愿的影响作用更强。

## 11.2 研究七：危机事件归因的影响

### 11.2.1 预实验

预实验 6 的主要目的是检验品牌危机事件刺激材料在危机事件归因类型方面操控的有效性。依照流程，被试被随机分配到两个不同的组别，即内因型危机组和外因型危机组。所有被试均会阅读到的危机事件信息是关于某虚

拟品牌手机被媒体曝光在充电时存在温度过高甚至导致爆炸的现象，已导致多名消费者产生不同程度的皮肤烧伤。外因型危机组被试阅读到的信息是该制造商品牌手机原本不存在产品质量缺陷，但由于零售商恶意更换手机部件，致使手机充电时发生短路，引发手机爆炸；而内因型危机组被试阅读到的信息是此次手机爆炸的原因为该款手机存在设计工艺缺陷，充电过程中发生短路导致爆炸。在阅读完相应材料后，被试会依据危机归因的题项对危机事件做出评价（"我认为此次危机事件是由企业外部原因造成的""我认为此次危机事件是由企业外部原因造成的（反向问题）"；1 = 非常不同意，7 = 非常同意；Cronbach's $\alpha$ = 0.79）。

预实验 6 通过见数平台招募被试并收集样本数据，共有 60 名被试参与了实验，其中约 48.33% 的被试是男性，平均年龄约 30 岁，46.67% 的被试月收入在 5 000 元及以下（其余 36.67% 在 5 001 ~ 10 000 元，10.00% 在 10 001 ~ 15 000 元，6.66% 在 15 000 元以上）。方差分析结果显示，外因型危机组被试对品牌危机事件更倾向于进行外部归因，此倾向显著高于内因型危机组被试 [$M_{外因型危机}$ = 5.67 vs. $M_{内因型危机}$ = 2.90，$F(1, 58)$ = 60.89，$p <$ 0.001]。故此，这两则危机刺激材料可用于主实验，能够有效激发被试对同一危机事件产生不同的归因。

## 11.2.2　研究设计

研究七的主要目的是进一步探索品牌危机事件后企业新产品类型作用于消费者采纳意愿的边界条件，即危机归因类型潜在的调节作用。研究采用 2（新产品类型：渐进型新产品 vs. 突破型新产品）×2（危机归因类型：内因型品牌危机 vs. 外因型品牌危机）的组间因子设计。本次实验共招募 145 名被试，其中约 51.0% 的被试是男性，平均年龄是 30 岁，71.8% 的被试月收入在 1 万元以下（详见表 11.1）。

表 11.1　研究七样本描述性统计信息

| 项目 | 类别 | 样本数 | 占比（%） |
| --- | --- | --- | --- |
| 性别 | 男 | 74 | 51.0 |
| | 女 | 71 | 49.0 |
| 年龄 | 25 岁及以下 | 37 | 25.5 |
| | 26~30 岁 | 43 | 29.7 |
| | 31~35 岁 | 35 | 24.1 |
| | 36~40 岁 | 11 | 7.6 |
| | 40 岁以上 | 19 | 13.1 |
| 教育背景 | 大专及以下 | 23 | 15.9 |
| | 本科 | 106 | 73.1 |
| | 硕士研究生 | 16 | 11.0 |
| | 博士研究生 | 0 | 0.0 |
| 月收入水平 | 5 000 元及以下 | 43 | 29.7 |
| | 5 001~10 000 元 | 61 | 42.1 |
| | 10 001~15 000 元 | 22 | 15.1 |
| | 15 001~20 000 元 | 14 | 9.7 |
| | 20 000 元以上 | 5 | 3.4 |

实验采用的刺激物是手机，与研究五一致。实验程序与前几项研究类似，被试通过随机分配进入不同的实验组。首先，被试阅读到的危机事件信息是关于某虚拟品牌手机被媒体曝光在充电时存在温度过高甚至爆炸的现象，已导致多名消费者产生不同程度的皮肤烧伤。外因型危机组被试阅读到的信息是该品牌手机原本不存在产品质量缺陷，但由于零售商恶意更换手机部件，致使手机充电时发生短路，引发手机爆炸；而内因型危机组被试阅读到的信息是此次手机爆炸的原因为该款手机存在设计工艺缺陷，充电过程中发生短路导致爆炸。其次，被试阅读到危机事件发生 6 个月后，企业面向市场推出的新产品相关信息，并接受对新产品类型的操控，操控材料已在研究

五中通过预实验4的检验：渐进型新产品组的被试被告知新款手机为原有手机的升级款，优化了充电系统，提升了充电效率，使得充电的时间更短，且优化的电路板设计让该手机实现循环充电进而减少对电池的损伤，实现快速充电的同时能够对手机进行有效的安全养护；而突破型新产品组的被试被告知新款手机为全新系列产品，采用先进的光能发电技术，该技术能将人造光和太阳能转化为手机的电能，将光线采集晶体放在手机之上，就可以将光线转为电能，突破性地提升了手机电池的续航能力，增强了手机使用的安全性。

实验中对于消费者采纳意愿、感知产品创新程度、感知相似性以及感知风险等变量的测量与前两项研究保持一致，且均采用七点式李卡特量表。与预实验6保持一致，正式实验中仍然采用两个题项测量被试对品牌危机事件的归因，即"我认为此次危机事件是由企业外部原因造成的""我认为此次危机事件是由企业外部原因造成的（反向问题）"（Cronbach's $\alpha = 0.77$）。

### 11.2.3 研究结果

总体而言，被试认为实验材料呈现的品牌危机事件较为真实可信（$M = 5.57$, $SD = 1.06$），性质较为严重（$M = 5.88$, $SD = 1.18$），且与自身的关联性较高（$M = 4.55$, $SD = 1.41$）。操控检验结果表明，被试感知的突破型新产品的创新程度显著高于渐进型新产品的创新程度[$M_{突破型新产品} = 5.95$ vs. $M_{渐进型新产品} = 4.27$, $F(1, 143) = 93.30$, $p < 0.001$]，由此表明本项实验对新产品类型的操控有效。另外，外因型危机组被试对品牌危机事件展开外部归因的倾向显著高于内因型危机组被试[$M_{外因型危机} = 5.68$ vs. $M_{内因型危机} = 2.66$, $F(1, 143) = 295.86$, $p < 0.001$]，由此表明实验对于危机事件归因类型的操控也是有效的。

在操控检验得到支持的基础上，以新产品类型、危机事件归因类型以及两者的交互项作为自变量，消费者新产品采纳意愿作为因变量，危机事件严

重性、与消费者关联度等作为控制变量进行方差分析,结果表明,在充分考虑危机事件严重性 $[F(1, 139) = 0.26, p = 0.61]$、与消费者关联度 $[F(1, 139) = 0.76, p = 0.38]$ 等因素的影响后,品牌危机事件涉事企业新产品类型对消费者采纳意愿具有显著影响,即相对于企业在危机事件后推出的渐进型新产品,被试对其推出的突破型新产品的采纳意愿更高 $[M_{突破型新产品} = 5.33 \text{ vs. } M_{渐进型新产品} = 4.20, F(1, 139) = 70.83, p<0.001]$。故此,H7 再次得到有力支持。品牌危机事件归因类型对消费者新产品采纳意愿也具有显著影响,相对于外因型危机事件,内因型危机事件对消费者新产品采纳意愿产生了更为负面的影响 $[M_{外因型危机} = 5.43 \text{ vs. } M_{内因型危机} = 4.06, F(1, 139) = 87.25, p<0.001]$。此外,新产品类型与危机事件归因类型的交互作用对消费者新产品采纳意愿也产生了显著影响 $[F(1, 139) = 38.89, p<0.001]$。具体而言(如图 11.1 所示),对于内因型品牌危机事件,涉事企业新产品类型对消费者采纳意愿具有显著影响,即消费者对突破型新产品的采纳意愿显著高于对渐进型新产品的采纳意愿 $[M_{突破型新产品} = 5.06 \text{ vs. } M_{渐进型新产品} = 3.06, F(1, 68) = 95.67, p<0.001]$;然而,对于外因型品牌危机事件,涉事企业新产品类型对消费者采纳意愿则不再具有显著影

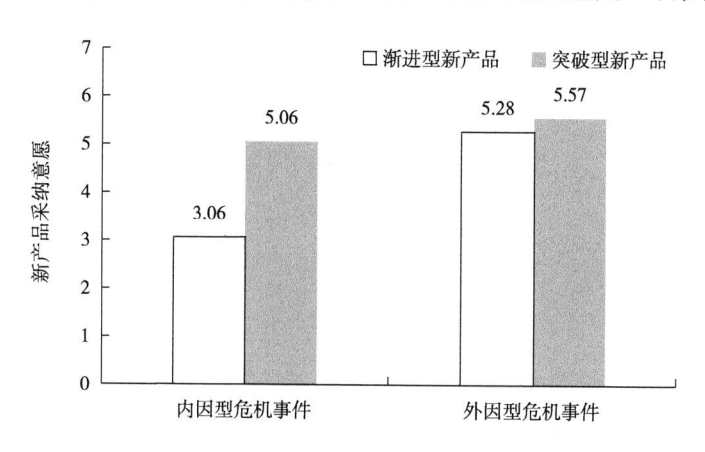

**图11.1 危机事件归因类型与新产品类型的交互作用**

响 [$M_{突破型新产品}$ = 5.57 vs. $M_{渐进型新产品}$ = 5.28, $F(1, 73)$ = 2.61, $p$ = 0.11]。综上所述，H9 也得到支持。

### 11.2.4 讨论

研究七的结果表明，相对于外因型品牌危机事件，内因型品牌危机事件对企业后续新产品采纳的负面溢出效应更强。此外，消费者对危机事件的归因还会进一步制约涉事品牌新产品类型对消费者采纳意愿的影响。具体而言，当品牌危机事件被归结为企业内部原因时，消费者会对涉事品牌产生更高的责任认定，同时也更警惕与涉事品牌的后续交易以规避此类风险，只有当涉事品牌尝试给出完全不同于过去的解决方案以使消费者相信涉事品牌已经彻底改变与突破时，消费者才愿意重新给予企业机会、尝试购买企业提供的新产品。换言之，涉事品牌推出的新产品类型会对消费者采纳意愿产生显著的影响：相较于涉事品牌在危机事件发生后推出的渐进型新产品，消费者对其推出的突破型新产品会做出更积极的评价与响应。然而，当品牌危机事件被归结为企业外部原因时，相对而言，消费者对涉事品牌的责任认定通常较轻，更倾向于宽恕涉事品牌或认为涉事品牌也是"受害者"之一，从而更同情也更愿意继续支持该品牌，因此，他们会更积极响应与支持涉事品牌后续推出的新产品，无论是哪种类型的新产品。

## 11.3 研究八：危机应对策略的影响

### 11.3.1 预实验

预实验 7 的主要目的是检验保温杯作为新产品类型刺激材料的有效性。依照实验流程，被试通过随机分配进入两个不同的组别，即渐进型新产品组和突破型新产品组。渐进型新产品组被试被告知该款新产品为原有保温杯的

升级款，研发团队对原材料进行了升级，采用医用级 316 不锈钢，优化了产品工艺，使得保温杯具备更加优越的保温性与安全性；而突破型新产品组被试被告知此款新产品为该品牌推出的全新系列产品，区别于传统保温杯，新款保温杯采用钛金属作为全新原材料，同时实现了技术上的突破，使得保温杯的耐腐蚀性、隔温保鲜、防泄漏等性能也得到极大提升。在阅读相应材料后，被试将会对产品创新性做出评价（包含"这款产品有多新奇""这款产品有多创新"这两个题项；Cronbach's $\alpha=0.81$）。

预实验 7 通过见数平台招募被试并收集样本数据，共有 56 名被试参与了实验，其中，约 37.50% 的被试是男性，平均年龄是 32 岁，44.64% 的被试月收入在 5 000 元及以下（其余 30.36% 在 5 001~10 000 元，16.07% 在 10 001~15 000 元之间，8.93% 在 15 000 元以上）。方差分析结果显示，突破型新产品组的被试感知的产品创新性显著高于渐进型新产品组 [$M_{突破型新产品}$ = 5.52 vs. $M_{渐进型新产品}$ = 4.61，$F(1, 54) = 15.51$，$p<0.001$]。故此，保温杯的新产品类型材料可用于主实验。

预实验 8 的主要目的是检验危机应对策略刺激材料的有效性。依照实验流程，所有被试通过随机分配进入三个不同的组别，即和解型策略组、辩解型策略组和缄默型策略组。所有被试首先会通过阅读相关材料了解到某虚拟品牌保温杯曾发生的品牌危机事件，即该款保温杯被媒体曝光存在杯口密闭性不严引发保温杯漏水致使消费者烫伤的问题。其次，被试会阅读到危机事件发生后品牌的应对策略。和解型应对策略组被试了解到的信息是该品牌承认存在质量管理漏洞，并向此次危机事件的受害者道歉，给予赔偿以寻求消费者谅解；辩解型应对策略组被试了解到的信息是该品牌称保温杯不存在杯口密闭性不严问题，从而拒绝消费者的索赔要求；缄默型应对策略组被试了解到的则是该品牌对保温杯漏水事件未做出任何回应。在阅读完相应材料后使用单一题项直接询问被试对于危机应对策略类型的判断。

预实验8通过见数平台招募被试并收集样本数据，共招募到65名被试参与此项预实验，其中，约38.46%的被试是男性，平均年龄是30岁，46.15%的被试月收入在5 000元及以下（其余33.85%在5 001~10 000元，10.77%在10 001~15 000元，9.23%在15 000元以上）。判断任务分析结果显示，所有被试均对相应危机应对策略材料所属的应对策略类型做出了正确的判断，因此危机应对策略材料可用于主实验。

## 11.3.2 研究设计

研究八的主要目的是通过消费行为实验法严谨检验品牌危机发生后企业的应对策略是否以及如何调节涉事品牌后续新产品类型对消费者采纳意愿的影响。研究采用2（新产品类型：渐进型新产品 vs. 突破型新产品）×3（危机应对策略：和解型策略 vs. 辩解型策略 vs. 缄默型策略）的组间因子设计。本次实验通过问卷星平台招募被试并收集样本数据，剔除答题时间过短的两名被试数据，最终的样本构成源于198名被试提供的数据（如表11.2所示）。其中，约45.0%的被试是男性，平均年龄是30岁，63.6%的被试月收入在1万元以下。

表11.2 研究八样本描述性统计信息

| 项目 | 类别 | 样本数 | 占比（%） |
| --- | --- | --- | --- |
| 性别 | 男 | 89 | 45.0 |
|  | 女 | 109 | 55.0 |
| 年龄 | 25岁及以下 | 45 | 22.7 |
|  | 26~30岁 | 64 | 32.3 |
|  | 31~35岁 | 52 | 26.3 |
|  | 36~40岁 | 17 | 8.6 |
|  | 40岁以上 | 20 | 10.1 |

续表

| 项目 | 类别 | 样本数 | 占比（%） |
|---|---|---|---|
| 教育背景 | 大专及以下 | 30 | 15.2 |
| | 本科 | 155 | 78.3 |
| | 硕士研究生 | 12 | 6.0 |
| | 博士研究生 | 1 | 0.5 |
| 月收入水平 | 5 000 元及以下 | 40 | 20.2 |
| | 5 001~10 000 元 | 86 | 43.4 |
| | 10 001~15 000 元 | 43 | 21.7 |
| | 15 001~20 000 元 | 19 | 9.6 |
| | 20 000 元以上 | 10 | 5.1 |

实验采用的刺激物是保温杯这一常见的消费品，实验流程与前述研究类似。所有被试通过随机分配进入不同的实验组别。首先，所有被试通过阅读相关材料了解到某虚拟品牌保温杯曾发生的品牌危机事件，即该款保温杯被媒体曝光存在杯口密闭性不严引发保温杯漏水致使消费者烫伤的问题。其次，被试阅读到危机事件发生后品牌的应对策略。和解型策略组被试了解到的信息是该品牌承认存在质量管理漏洞，并向此次危机事件的受害者道歉，给予赔偿以寻求消费者谅解；辩解型策略组被试了解到的信息是该品牌称保温杯不存在杯口密闭性不严问题，从而拒绝消费者的索赔要求；缄默型策略组被试了解到的则是该品牌对保温杯漏水事件未作出任何回应。然后，被试进一步了解到距品牌危机事件发生 6 个月后，该品牌保温杯向市场推出的新产品及其相关信息：渐进型新产品组被试被告知该款新产品为原有保温杯的升级款，研发团队对原材料进行了升级，采用医用级 316 不锈钢，优化了产品工艺，使得保温杯具备更加卓越的保温性与安全性；而突破型新产品组被试被告知此款新产品为该品牌推出的全新系列产品，区别于传统保温杯，新款保温杯采用钛金属作为全新原材料，同时实现了技术上的突破，使得保温

杯的耐腐蚀性、隔温保鲜、防泄漏等性能也得到极大提升。

实验中对于感知产品创新程度、感知相似性、感知风险以及消费者采纳意愿等主要变量的测量与前述研究保持一致，且均采用七点式李卡特量表。

### 11.3.3 研究结果

总体而言，被试认为实验材料呈现的品牌危机事件较为真实可信（$M=5.44$，$SD=0.94$），性质较为严重（$M=5.55$，$SD=1.22$），且与自身的关联度较高（$M=4.67$，$SD=1.25$）。操控检验结果表明，被试感知的突破型新产品的创新程度显著高于渐进型新产品的创新程度［$M_{突破型新产品}=5.72$ vs. $M_{渐进型新产品}=4.58$，$F(1,196)=90.46$，$p<0.001$］，由此表明实验对于新产品类型的操控是有效的。此外，判断任务结果显示，所有被试均准确识别了实验材料中危机应对策略的类型。

在操控检验得到支持的基础上，以新产品类型、危机应对策略以及两者的交互项作为自变量，消费者新产品采纳意愿作为因变量，危机事件严重性等作为控制变量进行方差分析。结果表明，在充分考虑危机事件严重性［$F(1,189)=0.72$，$p=0.40$］、危机事件与消费者关联度［$F(1,189)=3.75$，$p=0.05$］以及消费者创新特质［$F(1,189)=17.51$，$p<0.001$］等因素的影响后，危机事件发生后企业推出的新产品类型仍然会对消费者采纳意愿产生显著影响，被试对突破型新产品的采纳意愿显著高于对渐进型新产品的采纳意愿［$M_{突破型新产品}=5.41$ vs. $M_{渐进型新产品}=4.54$，$F(1,189)=35.61$，$p<0.001$］。故此，H7再次得到支持。

同时，危机应对策略类型对消费者采纳意愿的主效应影响显著，企业采取和解型应对策略能够最有效地促进消费者对企业后续新产品的采纳，辩解型应对策略的效果次之，缄默型应对策略的效果最差［$M_{和解型策略}=5.36$ vs. $M_{辩解型策略}=4.85$ vs. $M_{缄默型策略}=4.62$，$F(1,189)=11.18$，$p<0.001$］。此外，新产品类型与危机应对策略的交互作用对消费者采纳意愿的影响也显著

$[F(1, 189) = 9.69, p<0.001]$。事后比较结果表明（如图11.2所示），当企业采取辩解型应对策略或缄默型应对策略时，其新产品类型对消费者采纳意愿的影响显著，即相对于渐进型新产品，被试对突破型新产品的采纳意愿更强[辩解型应对策略：$M_{突破型新产品} = 5.40$ vs. $M_{渐进型新产品} = 4.39$, $F(1, 66) = 22.53, p<0.001$；缄默型应对策略：$M_{突破型新产品} = 5.39$ vs. $M_{渐进型新产品} = 3.83, F(1, 59) = 26.93, p<0.001$]，但新产品类型对消费者采纳意愿的影响作用强度在这两种情境中不存在显著差异[$F(1, 125) = 2.35, p = 0.13$]；然而，对于和解型应对策略，新产品类型对消费者采纳意愿则不再产生显著影响[$M_{突破型新产品} = 5.45$ vs. $M_{渐进型新产品} = 5.29, F(1, 67) = 0.59, p = 0.45$]。因此，$H10$得到部分支持。

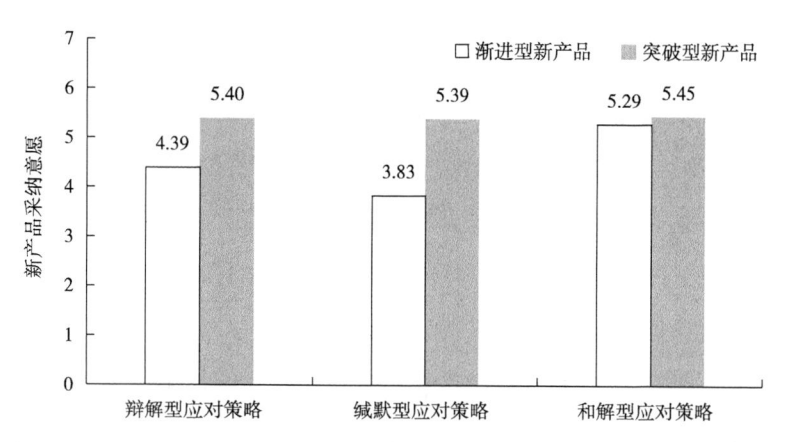

图11.2 危机应对策略与新产品类型的交互作用对消费者采纳意愿的影响

## 11.3.4 讨论

研究八的结果表明，品牌危机后企业新产品类型对消费者采纳意愿的影响还会受到企业曾采取的危机应对策略的影响。具体而言，当企业采取和解型应对策略时，消费者认为企业有担当、具备妥善处理危机事件的能力并且传达出对危机事件的重视与不再犯错的诚意，因此更容易获得消费者的宽恕

与信赖,使其愿意继续支持企业后续推出的新产品,不管是渐进型新产品还是突破型新产品,消费者均表现出较高的采纳意愿;然而,当企业采取缄默型或辩解型应对策略时,均没有体现出企业在危机事件中的担当以及对消费者权益的有效维护,导致消费者更加警惕甚至避免与企业的后续交易,尤其是与原危机产品类似的渐进型新产品,相对而言,更有可能采纳颠覆程度更大的突破型新产品。

## 11.4 研究九:解释水平的影响

### 11.4.1 预实验

预实验 9 的主要目的是检验酸奶作为新产品类型刺激材料的有效性。依照实验流程,被试通过随机分配进入两个不同的组别,即渐进型新产品组和突破型新产品组。渐进型新产品组被试被告知新款酸奶是原有酸奶的升级款,选用更高品质的牛乳,优化了产品配方,延长了酸奶在低温环境下的储存时间,提升了酸奶的安全性和营养价值;而突破型新产品组被试被告知新款酸奶为该品牌推出的全新系列产品,使用全新的产品配方,采用先进的生产技术,极大地提升了酸奶品质的稳定性,并且即使在常温条件下也能长时间保存,提升了酸奶的安全性和营养价值。在阅读相应材料后,被试将会对产品创新性做出评价(包含"这款产品有多新奇""这款产品有多创新"这两个题项;Cronbach's $\alpha = 0.86$)。

预实验 9 通过见数平台招募被试并收集样本数据,共有 62 名被试参与了实验,其中,约 43.50% 的被试是男性,平均年龄是 26 岁,64.5% 的被试月收入在 10 000 元及以下。方差分析结果显示,突破型新产品组的被试感知的产品创新性显著高于渐进型新产品组 [$M_{突破型新产品} = 5.60$ vs. $M_{渐进型新产品} = 4.41$,$F(1, 60) = 18.33$,$p < 0.001$]。故此,酸奶的新产品类型材料可用

于主实验。

## 11.4.2 研究设计

研究九的主要目的是严谨检验作为消费者特质因素的解释水平是否以及如何调节危机后企业新产品类型对消费者采纳意愿的影响。研究采用2（新产品类型：渐进型新产品 vs. 突破型新产品）×2（解释水平：高解释水平 vs. 低解释水平）的组间因子设计。

本项研究通过问卷星平台广泛招募被试并收集样本数据，最终的样本构成为136名被试提供的数据，其中，约53.7%的被试是男性，平均年龄是30岁，64.0%的被试月收入在1万元以下（详见表11.3所示）。

表11.3 研究九样本描述性统计信息

| 项目 | 类别 | 样本数 | 占比（%） |
| --- | --- | --- | --- |
| 性别 | 男 | 73 | 53.7 |
| | 女 | 63 | 46.3 |
| 年龄 | 25岁及以下 | 27 | 19.9 |
| | 26~30岁 | 79 | 58.0 |
| | 31~35岁 | 27 | 19.9 |
| | 36~40岁 | 3 | 2.2 |
| | 40岁以上 | 0 | 0.0 |
| 教育背景 | 大专及以下 | 18 | 13.2 |
| | 本科 | 113 | 83.1 |
| | 硕士研究生 | 5 | 3.7 |
| | 博士研究生 | 0 | 0.0 |
| 月收入水平 | 5 000元及以下 | 16 | 11.8 |
| | 5 001~10 000元 | 71 | 52.2 |
| | 10 001~15 000元 | 32 | 23.5 |
| | 15 000元以上 | 17 | 12.5 |

实验采取的刺激物是酸奶，酸奶是被大众熟知且在品牌危机研究中常用的实验刺激物。被试通过随机分配进入不同的实验组，并且被告知将依次完成两项独立的任务。

首先，被试需要完成测量其解释水平的行为识别量表（Vallacher and Wegner，1989）。该量表共包含 25 项活动，每一活动（如锁门）均有两个选项对其进行表述，分别对应抽象解释（保护财产安全）和具体解释（将钥匙插入锁孔），被试需要从两种表述中选出自己认为最合适的一项。选择抽象解释的计 1 分，选择具体解释的计 0 分，将每位被试对 25 项活动的作答得分相加得到一个 BIF 指数，指数越高代表该个体的解释水平越高。

其次，被试被告知进入下一项独立任务，阅读到某虚拟品牌酸奶曾发生的霉菌超标事件以及该品牌在危机发生三个月后推出的新产品相关信息。渐进型新产品组的被试被告知新款酸奶是原有酸奶的升级款，选用更高品质的牛乳，优化了产品配方，延长了酸奶在低温环境下的储存时间，提升了酸奶的安全性和营养价值；而突破型新产品组的被试被告知新款酸奶为该品牌推出的全新系列产品，使用全新的产品配方，采用先进的生产技术，极大地提升了酸奶品质的稳定性，并且即使在常温条件下也能长时间保存，提升了酸奶的安全性和营养价值。

实验中对于感知产品创新程度、感知相似性、感知风险以及消费者采纳意愿等变量的测量与前述研究保持一致，且均采用七点式李卡特量表。

### 11.4.3 研究结果

总体而言，被试认为实验材料呈现的品牌危机事件较为真实可信（$M=5.56$，$SD=1.03$），性质较为严重（$M=5.91$，$SD=1.09$），且与自身的关联度较高（$M=4.77$，$SD=1.34$）。操控检验结果表明，被试感知的突破型新产品的创新程度显著高于渐进型新产品的创新程度［$M_{突破型新产品}=5.51$ vs. $M_{渐进型新产品}=4.89$，$F(1, 134)=16.92$，$p<0.001$］，表明实验对于新产品

类型的操控有效。此外，参照何昊等（2017）的研究，根据 BIF 指数平均值将解释水平区分为高、低两组，组间差异显著 [$M_{高解释水平}$ = 18.85 vs. $M_{低解释水平}$ = 10.97，$F(1, 134)$ = 253.09，$p<0.001$]。

在操控检验得到支持的基础上，以新产品类型、解释水平以及两者的交互项作为自变量，消费者新产品采纳意愿作为因变量，危机事件严重性等危机事件相关因素以及消费者创新特质作为控制变量进行方差分析。结果表明，在充分考虑危机事件严重性 [$F(1, 129)$ = 4.44，$p$ = 0.04]、危机事件与消费者关联度 [$F(1, 129)$ = 0.70，$p$ = 0.41) 以及消费者创新特质 [$F(1, 129)$ = 40.85，$p<0.001$] 等因素的影响后，企业在品牌危机后推出的新产品类型仍然对消费者采纳意愿具有不可忽视的显著影响，表现为相对于渐进型新产品，消费者对涉事品牌后续推出的突破型新产品具有更高的采纳意愿 [$M_{突破型新产品}$ = 5.32 vs. $M_{渐进型新产品}$ = 4.70，$F(1, 129)$ = 11.00，$p$ = 0.001]。故此，H7 再次得到有力支持。同时，消费者的解释水平 [$M_{低解释水平}$ = 4.77 vs. $M_{高解释水平}$ = 5.23，$F(1, 129)$ = 5.14，$p$ = 0.006] 及其与新产品类型的交互作用 [$F(1, 129)$ = 6.07，$p<0.05$] 对消费者新产品采纳意愿均具有显著的影响。具体而言（如图 11.3 所示），当消费者处于较低的解释水平时，品牌危机后涉事企业推出的新产品类型对其采纳意愿具有显著

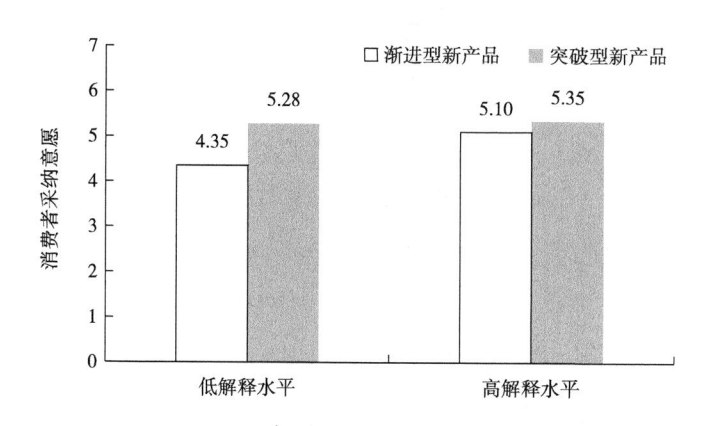

图 11.3 解释水平与新产品类型的交互作用对消费者采纳意愿的影响

的影响，即相对于渐进型新产品，消费者更愿意采纳涉事品牌后续推出的突破型新产品 [$M_{突破型新产品}$ = 5.28 vs. $M_{渐进型新产品}$ = 4.35, $F(1, 66)$ = 15.00, $p$ < 0.001]；然而，当消费者的解释水平较高时，涉事品牌新产品类型对其采纳意愿的影响则不再显著 [$M_{突破型新产品}$ = 5.35 vs. $M_{渐进型新产品}$ = 5.10, $F(1, 66)$ = 1.29, $p$ = 0.26]。故此，$H11$ 也得到支持。

以涉事品牌新产品类型作为自变量、消费者解释水平作为调节变量、感知相似性与感知风险作为链式中介变量、消费者新产品采纳意愿作为因变量，采用 Bootstrapping 方法进一步检验有调节的中介效应，选择模型 83，基于 5 000 样本量的重复测试结果表明，新产品类型与消费者解释水平的交互效应仍然是通过感知相似性和感知风险这一链式中介机制作用于消费者新产品采纳意愿，其中，链式中介作用间接效应大小为 0.15（$SE$ = 0.08），95% 置信区间为 (0.02, 0.34)，该区间不包含 0，表明此有调节的中介效应显著。

### 11.4.4 讨论

研究九的结果表明，品牌危机后企业新产品类型对消费者采纳意愿的影响会受到消费者解释水平的制约。当消费者的解释水平较低时，他们更关注事物外围化、背景化和细节性的信息，因而更容易受到企业过往危机事件的影响，也更倾向于依据新产品与原危机产品之间的相似性判定潜在的风险并据此对新产品做出响应，因此对渐进型新产品的采纳意愿显著低于对突破型新产品的采纳意愿；然而，当消费者的解释水平较高时，他们则更倾向根据核心的、去背景化的信息对新产品进行评价，消费者一方面对企业过往危机信息的关注度减弱，另一方面不再对原危机产品与新产品之间的相似性等展开细节评估，因此，消费者对危机后企业推出的渐进型新产品和突破型新产品的采纳意愿不再表现出显著差异。

# 12

# 新产品相关因素的影响作用

## 12.1 假设推导

### 12.1.1 产品外观新颖性的调节作用

除了产品功能或功效层面的相似性，产品外观（如实物形状、颜色、图案等）作为产品带给消费者的第一印象，其传递的视觉线索也会影响消费者对于产品之间相似性的感知与判断（Rindova and Petkova，2007；胡学平 等，2014；朱振中 等，2020）。企业常改变现有产品外观特指，以在视觉上形成与现有产品及消费者预期不一致的产品外观形象。基于此，产品外观新颖性通常被界定为某种产品外观与当前该产品类别典型外观特征的偏离程度，是影响消费者产品评价与选择的重要因素（Mugge and Dahl，2013；Talke et al.，2009；朱振中 等，2020）。在本项研究中，产品外观新颖性特指新产品外观与企业原产品（引发危机事件的产品）外观特征之间的偏离程度，两者偏离越大，即认为新产品外观新颖性水平越高。

认知心理学领域的研究表明，人们倾向于依据物体之间视觉层面的相似性进行识别与归类，通常将形态相似的物体视作一个类别，组织在一起进行相似的比较与加工（Keil，1992；胡学平 等，2014）。产品外观的变化能够提供直观的视觉线索，影响消费者对新旧产品之间相似性的感知（Rindova and Petkova，2007）。消费者也倾向于依据产品外观相似性这一简单明了的外部线索对产品进行分类识别与信息加工（Creusen and Schoormans，2005；Rindova and Petkova，2007）。在此基础上，本项研究进一步推测，当新产品的外观新颖性较低时，消费者容易联想起企业原来的产品，也倾向于将外观相似的新产品与原危机产品划分到同一个子类别中，同时由于原产品危机事件具有较高的可诊断性，因此，处于警惕状态的消费者会将新产品与原产品进行较仔细的对比以判定其相似性及其蕴含的风险，基于此，创新程度较低

的渐进型新产品（vs. 创新程度较高的突破型新产品）会令消费者产生更强的感知相似性以及更强的风险感知。

反之，当新产品的外观新颖性较高时，由于传递出差异化的"第一印象"，消费者更倾向于将新产品视作与原产品不同的子类别，消费者对两者之间相似性的判断有可能基于以下三种路径：第一，原危机产品的可接近性较低，危机事件的可诊断性也较低，消费者不再倾向于去联想、参照原危机产品，同时由于认知惰性，直接判定新旧产品之间相似性较低。第二，即使消费者仍然联想起原危机产品，但由于此时的注意力焦点与认知资源集中于处理新颖的视觉刺激（Creusen and Schoormans, 2005; Rindova and Petkova, 2007），在认知资源不足的情况下更倾向于采用基于直觉的启发式系统进行信息加工（Kahneman and Frederick, 2002），从而对产品其他信息进行深入加工的倾向降低，导致产品外观新颖性这一简单的外在线索对感知相似性判断的影响作用增强，而产品其他属性尤其是相对复杂的技术层面的属性对感知相似性判断的影响作用减弱。第三，由于初始视觉线索的干扰，消费者倾向于对归为不同子类别的新旧产品进行相异性检验，依据选择通达机制（Mussweile, 2003），相异性检验的结果会导致新旧产品之间的差异性感知增强，从而有助于拉开原本改进有限的渐进型新产品与原危机产品之间的差距、削弱其感知相似性。综上所述，本研究推断，当外观新颖性较高时，两类新产品与原危机产品的感知相似性均较低，而且两者在此方面的差异缩小甚至消失。对应的研究假设如下：

*H*12：产品外观新颖性能够调节品牌危机后企业新产品类型对消费者采纳意愿的影响。当产品外观新颖性较高（vs. 较低）时，涉事企业新产品类型对消费者采纳意愿的影响作用减弱。

## 12.1.2　产品陈列方式的调节作用

产品陈列通常是指某一类商品的展示形式，即零售商运用一定的方法或

## 12 新产品相关因素的影响作用

技巧以特定的组织方式将商品展示给消费者（Diehl et al., 2015）。现有研究指出，消费者对产品的判断与选择除了受到产品本身的特点和属性的影响，外部情境线索也是重要因素（Simonson et al., 2013）。作为零售环境中最基本的宣传手段与促销方式（Hoch et al., 1999），恰当的产品陈列能够令消费者产生认知和情感层面的积极体验、提升对商品的评价与购买欲望，从而促进商品销售（Fiore et al., 2000；Roggeveen et al., 2016；郑晓莹、孙鲁平，2018）。

依据不同的标准，产品陈列方式有不同的分类，包括按品牌陈列与按品类陈列（Zheng et al., 2019）、按属性与按利益陈列（Lamberton and Diehl, 2013）、产品替代陈列与产品互补陈列（Diehl et al., 2015；李东进 等，2018）以及普通陈列与创意陈列（Keh et al., 2021）等。不同的陈列方式会给消费者提供不同的认知线索与启发，而这些线索信息会影响消费者对产品的价值感知，进而影响消费者对产品尤其是不熟悉的新产品的评价与决策（Diehl et al., 2015；Lamberton and Diehl, 2013；Roggeveen et al., 2016；李东进 等，2018）。

Keh 等（2021）依据新颖性与审美价值，将产品陈列方式分为普通陈列与创意陈列。创意陈列是指对同一产品的多个单元进行有新意（不同于零售商对该品类惯用的、典型的展示形式）和美感的摆放与展示。相比于普通陈列，创意陈列方式不仅能够提升产品在视觉层面的显著性和吸引力，而且也有助于提升消费者对产品价值的推断，使其产生认知和情感层面的积极体验，进而增强其购买意愿。而有关品牌危机溢出效应的研究指出，如果能人为引导消费者思考非涉事企业产品与涉事企业产品之间的差异性，那么危机事件的负面传染效应将会有所减弱（Roehm and Tybout, 2006；方正 等，2013）。在以往研究的基础上，本项研究进一步推断，相较于普通陈列方式，创意陈列方式传递出强烈且新奇的视觉刺激与体验（Rego et al., 2014），并因此占据消费者的认知与情感双重信息加工系统（Keh et al., 2021），使其

在这种情境下不易展开对原产品及其危机事件的联想；同时，这一外部情境线索传递的独特性也有助于消费者对新产品建立差异化的第一印象、弱化其对新旧产品之间相似性的考量与评估，进而削弱原产品危机事件对新产品尤其是渐进型新产品的负面溢出效应，此时，新产品类型对消费者采纳意愿的影响也将减弱甚至消失。据此，本项研究提出如下假设：

*H*13：产品陈列方式能够调节新产品类型对消费者采纳意愿的影响。当采用创意陈列（vs. 普通陈列）方式时，新产品类型对消费者采纳意愿的影响作用减弱。

## 12.2　研究十：产品外观新颖性的影响

### 12.2.1　预实验

为避免同时操控两个因素造成相互干扰，本项研究针对新产品类型与产品外观新颖性这两个因素的操控分别开展了预实验。

预实验10的主要目的是检验蓝牙耳机作为新产品类型刺激材料的有效性。依照实验流程，所有被试通过随机分配进入两个不同的实验组别，即渐进型新产品组或突破型新产品组，接着被试通过阅读了解到有关新产品的相关资料。其中，渐进型新产品组被试了解到的主要信息是新款耳机为原有耳机的升级款，研发团队升级了耳机材质，新增了快充功能，强化了全景声环绕音效，使得声音能够达到层次分明又配合默契的自然效果；而突破型新产品组被试了解到的信息则是新款耳机是该品牌推出的全新单品，创造性地应用源电子分频技术，搭载全新麦克风通话降噪算法及风噪检测机制，使得耳机的立体音效和降噪功能得到了跨越式的提升，先进的生产和制造工艺使得新款耳机可将运动时产生的动能转化成电能自动给耳机充电，开创了蓝牙耳机持久续航的先河。作为对新产品类型的操控检验，被试在阅读完相应的新

产品材料后需要对产品创新性做出评价（Cronbach's $\alpha=0.85$）。

预实验10通过见数平台招募被试并收集样本数据，共有60名被试参与了实验，其中约43.33%的被试是男性，平均年龄是27岁，43.33%的被试月收入在5 000元及以下（其余35.00%在5 001~10 000元，13.34%在10 001~15 000元，8.33%在15 000元以上）。方差分析结果显示，突破型新产品组被试感知的产品创新性显著高于渐进型新产品组 [$M_{突破型新产品}$ = 6.10 vs. $M_{渐进型新产品}$ = 5.13，$F(1, 58) = 17.80$，$p<0.001$]。因而，蓝牙耳机的新产品类型材料可用于主实验。

预实验11的主要目的是检验产品陈列方式刺激材料的有效性。依照流程，被试通过图片（如图12.1所示）与文字信息了解到两款蓝牙耳机的相关信息：产品外观新颖性较低组被试看到的是新款产品延续了以往蓝牙耳机的圆形外观设计，但更加小巧且便于携带；而产品外观新颖性较高组被试看到的则是新款产品区别于以往蓝牙耳机的圆形外观设计，手环嵌入式设计更便于消费者携带。在了解产品信息后，被试需要对产品外观新颖性做出评价，包括"该产品外观设计很新颖""该产品外观设计很普通（反向问题）""该产品外观设计与现有产品外观存在明显差异"等三个题项（Mugge and Dahl，2013；朱振中 等，2020；Cronbach's $\alpha=0.88$）。

（a）产品外观新颖性低　　　　（b）产品外观新颖性高

**图12.1　产品外观新颖性的操控材料**

预实验11招募本科生被试并收集样本数据，共有60名被试参与了实验，其中约43.3%的被试是男性，平均年龄是20岁。采用方差分析检验产品外观新颖性刺激材料的有效性，结果显示，两组被试感知到的产品外观新颖性存在显著差异［$M_{外观新颖性低}$ = 4.22 vs. $M_{外观新颖性高}$ = 5.95，$F(1,58)$ = 82.06，$p<0.001$］。故此，产品外观新颖性刺激材料可用于主实验。

## 12.2.2 研究设计

研究十的主要目的是通过消费行为实验法严谨检验产品外观新颖性是否会进一步调节品牌危机后企业新产品类型对消费者采纳意愿的影响。研究采用2（新产品类型：渐进型新产品 vs. 突破型新产品）×2（产品外观新颖性：较低 vs. 较高）×2（品牌危机：有 vs. 无）的组间因子设计，其中，过往没有品牌危机发生组为实验的参照组。

本次实验仍然通过见数平台广泛招募被试并收集现实消费者样本数据（如表12.1所示），最终的样本构成为282名被试提供的数据，其中约35.1%的被试是男性，平均年龄是30岁，62.8%的被试月收入在1万元以下。

**表12.1 研究十样本描述性统计信息**

| 项目 | 类别 | 样本数 | 占比（%） |
| --- | --- | --- | --- |
| 性别 | 男 | 99 | 35.1 |
|  | 女 | 183 | 64.9 |
| 年龄 | 25岁及以下 | 77 | 27.3 |
|  | 26~30岁 | 131 | 46.5 |
|  | 31~35岁 | 66 | 23.4 |
|  | 36~40岁 | 7 | 2.5 |
|  | 40岁以上 | 1 | 0.3 |

续表

| 项目 | 类别 | 样本数 | 占比（%） |
| --- | --- | --- | --- |
| 教育背景 | 大专及以下 | 6 | 2.2 |
|  | 本科 | 253 | 89.7 |
|  | 硕士研究生 | 21 | 7.4 |
|  | 博士研究生 | 2 | 0.7 |
| 月收入水平 | 5 000元及以下 | 33 | 11.7 |
|  | 5 001~10 000元 | 144 | 51.1 |
|  | 10 001~15 000元 | 80 | 28.5 |
|  | 15 000元以上 | 25 | 8.7 |

　　实验采用的刺激物是蓝牙耳机，实验流程与前述研究类似。首先，品牌危机情境组的被试通过阅读材料了解到某虚拟品牌耳机曾发生的品牌危机事件，即被媒体曝光其材质含有易致敏的成分，已导致多名消费者出现皮肤过敏反应甚至引起中耳炎（改编自OPPO等品牌耳机致敏事件）。其次，被试阅读到距危机事件发生8个月后，该品牌耳机向市场推出的新产品相关信息；而非危机情境即参照组的被试则在阅读一段社会新闻材料后直接进入新产品评价环节。其中，渐进型新产品组强调该款新产品为原有耳机的升级款，升级了耳机材质，即使长时间佩戴也很舒适，新增了快充功能，并强化了全景声环绕音效；而突破型新产品组强调此款新产品为该品牌推出的全新系列产品，区别于传统耳机，新款耳机除了在立体音效和降噪功能方面具有跨越式的提升，还可将运动时产生的动能转化成电能自动给耳机充电。同时，被试会通过图片（如图12.1所示）与文字介绍了解到新产品外观的相关信息：产品外观新颖性较低组被试看到的是新款产品延续了以往蓝牙耳机的圆形外观设计，但更加小巧、便于携带；而产品外观新颖性较高组被试看到的则是新款产品区别于以往蓝牙耳机的圆形外观设计，手环嵌入式设计更便于消费者携带。再次，被试需要对新产品采纳意愿、感知产品创新程度及

产品外观新颖性等多个方面做出评价。最后，被试填写个人创新特质以及人口统计相关信息，并在实验结束后领取相应的报酬。

实验中对于消费者采纳意愿、感知产品创新程度、感知相似性、感知风险以及消费者创新特质等变量的测量与前述研究保持一致。产品外观新颖性的测量包括与预实验11中采用的量表一致（Cronbach's $\alpha=0.91$）。此外，本研究除了将危机严重性、与消费者关联度、消费者创新特质作为控制变量进行测量外，还增加了对信息处理流畅性的测量，以排除其对实验结果的影响。对信息处理流畅性的测量，借鉴Sundar和Noseworthy（2014）的研究，包含"新产品的相关信息是容易理解的""新产品的相关信息是容易想象的""新产品的相关信息是符合逻辑的"三个题项（Cronbach's $\alpha=0.76$）。

## 12.2.3 研究结果

操控检验结果表明，被试感知的突破型新产品的创新程度显著高于渐进型新产品的创新程度 [$M_{突破型新产品}=6.02$ vs. $M_{渐进型新产品}=5.42$, $F(1,280)=41.95$, $p<0.001$]，由此表明实验中对于新产品类型的操控是有效的。另外，手环外观组被试对产品外观新颖性的评价显著高于传统外观组被试做出的评价 [$M_{外观新颖性高}=5.92$ vs. $M_{外观新颖性低}=4.14$, $F(1,280)=152.01$, $p<0.001$]，且产品外观新颖性对感知创新程度不存在显著影响 [$M_{外观新颖性高}=5.79$ vs. $M_{外观新颖性低}=5.65$, $F(1,280)=1.92$, $p=0.17$]，表明实验中对于产品外观新颖性的操控也是有效的。

在操控检验得到支持的基础上，以品牌危机事件、新产品类型、产品外观新颖性以及三者的交互项作为自变量，消费者新产品采纳意愿作为因变量进行方差分析，结果表明，在考虑消费者创新特质 [$F(1,272)=42.14$, $p<0.001$] 与信息处理流畅性 [$F(1,272)=12.47$, $p<0.001$] 等控制变量的影响后，新产品类型与产品外观新颖性的交互作用对消费者采纳意愿的影响显著 [$F(1,272)=5.52$, $p=0.02$]，同时，它们与危机事件情境的三阶

交互作用也显著 [$F(1, 272) = 7.23, p = 0.008$],由此表明新产品类型与产品外观新颖性的交互作用对消费者采纳意愿的影响在不同情境中具有显著差异。

具体而言,在过往无危机事件情境中,除消费者创新特质 [$F(1, 135) = 26.90, p < 0.001$] 与信息处理流畅性 [$F(1, 135) = 23.59, p < 0.001$] 这两个控制变量的影响显著以外,新产品类型 [$M_{渐进型新产品} = 5.857$ vs. $M_{突破型新产品} = 5.863, F(1, 135) = 2.44, p = 0.12$]、产品外观新颖性 [$M_{外观新颖性低} = 5.87$ vs. $M_{外观新颖性高} = 5.85, F(1, 135) = 0.18, p = 0.67$] 以及两者的交互效应 [$F(1, 135) < 0.01, p = 0.98$] 对消费者采纳意愿的影响均不显著。

然而,在品牌危机情境中,充分考虑消费者创新特质 [$F(1, 133) = 22.39, p < 0.001$]、信息处理流畅性 [$F(1, 133) = 4.04, p = 0.05$]、危机事件严重性 [$F(1, 133) = 0.78, p = 0.38$] 以及危机事件与消费者关联度 [$F(1, 133) = 0.20, p = 0.66$] 等因素的影响后,涉事企业推出的新产品类型对消费者采纳意愿仍然产生了显著影响,表现为消费者对突破型新产品的采纳意愿显著高于对渐进型新产品的采纳意愿 [$M_{渐进型新产品} = 5.06$ vs. $M_{突破型新产品} = 5.75, F(1, 133) = 16.88, p < 0.001$]。故此,H7 再次得到支持。另外,虽然涉事企业新产品的外观新颖性对消费者采纳意愿的主效应影响不显著 [$M_{外观新颖性低} = 5.21$ vs. $M_{外观新颖性高} = 5.61, F(1, 133) = 2.20, p = 0.14$],但其与新产品类型的交互作用对消费者采纳意愿具有显著影响 [$F(1, 133) = 6.99, p = 0.009$]。事后比较结果表明(如图 12.2 所示),当产品外观新颖性较低时,企业在危机后推出的新产品类型对消费者采纳意愿具有显著影响,即相对于渐进型新产品,被试对突破型新产品的采纳意愿更强 [$M_{渐进型新产品} = 4.62$ vs. $M_{突破型新产品} = 5.79, F(1, 68) = 16.20, p < 0.001$];然而,当产品外观新颖性较高时,涉事企业推出的新产品类型对消费者采纳意愿则不再产生显著影响 [$M_{渐进型新产品} = 5.50$ vs. $M_{突破型新产品} = 5.72, F(1,$

69）= 0.98，$p$ = 0.33］。因此，$H12$ 也得到支持。

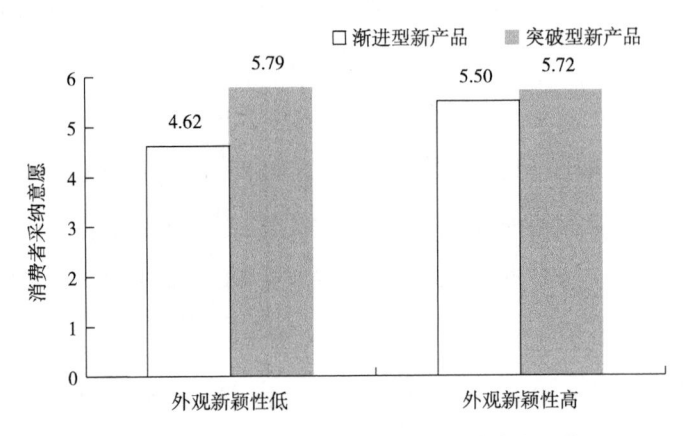

图 12.2 新产品类型与产品外观新颖性的交互作用

针对品牌危机情境进行中介效应分析。首先，以新产品类型作为自变量、感知相似性与感知风险作为链式中介变量、消费者新产品采纳意愿作为因变量进行中介效应检验，基于 5 000 次重复抽样的 Bootstrapping 检验结果表明，新产品类型通过感知相似性与感知风险的链式中介作用对消费者采纳意愿产生影响［$Model$ = 6，$N$ = 5 000，$\beta$ = 0.39，$SE$ = 0.11，$CI$ =（0.19，0.63），不包含 0］，$H8$ 再次得到支持。其次，在模型中增加产品外观新颖性作为调节变量，将信息处理流畅性作为备则中介变量，进一步进行有调节的中介效应检验，结果表明，新产品类型与产品外观新颖性的交互作用仍然是通过感知相似性与感知风险这一链式中介机制对消费者采纳意愿产生影响［$Model$ = 83，$N$ = 5 000，$\beta$ = −0.34，$SE$ = 0.17，$CI$ =（−0.70，−0.02），不包含 0］，而并非通过信息处理流畅性的中介作用产生影响［$Model$ = 7，$N$ = 5 000，$CI$ =（−0.61，0.05），包含 0］。

## 12.2.4 讨论

研究十的结果再次表明，企业曾经发生的品牌危机事件会对其后续渐进

型新产品的推广产生不可忽视的负面溢出效应［$M_{无危机}$ = 5.86 vs. $M_{品牌危机}$ = 5.06，$F(1, 139)$ = 21.04，$p<0.001$］，但对其突破型新产品推广的影响却微乎其微［$M_{无危机}$ = 5.86 vs. $M_{品牌危机}$ = 5.75，$F(1, 139)$ = 1.01，$p = 0.32$］。换言之，品牌危机后企业的新产品类型对消费者采纳意愿具有重要影响，涉事企业推出创新程度更大的突破型新产品比推出改良性质的渐进型新产品更容易获得消费者采纳；而这种影响会进一步受到产品外观新颖性的制约。对于存在品牌危机史的企业而言，在后续新产品的设计与生产中若能着力提升渐进型新产品的外观新颖性，将有助于削弱新产品与原危机产品的相似性［$M_{外观新颖性低}$ = 4.01 vs. $M_{外观新颖性高}$ = 3.24，$F(1, 68)$ = 12.93，$p = 0.001$］，从而降低消费者的感知风险［$M_{外观新颖性低}$ = 4.02 vs. $M_{外观新颖性高}$ = 2.96，$F(1, 68)$ = 8.88，$p = 0.004$］并最终增强消费者的采纳意愿［$M_{外观新颖性低}$ = 4.62 vs. $M_{外观新颖性高}$ = 5.50，$F(1, 68)$ = 7.69，$p = 0.007$］；反之，由于突破型新产品在技术层面的颠覆性创新已充分与原危机产品拉开差距，在感知相似性已经很低的情况下继续提升其外观新颖性，则不会再对消费者采纳意愿产生可观的积极影响［$M_{外观新颖性低}$ = 5.79 vs. $M_{外观新颖性高}$ = 5.72，$F(1, 69)$ = 0.17，$p = 0.68$］。

## 12.3 研究十一：产品陈列方式的影响

### 12.3.1 预实验

为避免同时操控两个因素造成相互干扰，本项研究针对新产品类型与产品陈列方式这两个因素的操控分别开展了预测试。第一项预实验（预实验12）的主要目的是检验牙膏作为新产品类型刺激材料的有效性。依照实验流程，被试会随机分配到两个不同的组别，即渐进型新产品组和突破型新产品组。其中，渐进型新产品组被试了解到的信息是该新产品为原有牙膏的升级

款,研发团队优化了产品配方,提升了牙膏的抗菌功效和使用舒适感;突破型新产品组被试了解到的信息则是此款新产品为该品牌推出的全新系列产品,在配方上实现了根本性的改变与提升,采用最新的配方技术和制作工艺,能够达到高效的抗菌效果。在阅读相应材料后,被试将会对产品创新性做出评价。

预实验 12 通过见数平台招募被试并收集样本数据,共有 60 名被试参与了实验,其中约 41.67% 的被试是男性,平均年龄是 32 岁,46.67% 的被试月收入在 5 000 元及以下(其余 41.67% 在 5 001~10 000 元,6.66% 在 10 001~15 000 元,5.00% 在 15 000 元以上)。在对新产品类型材料的有效性检验上,方差分析结果显示,突破型新产品组的被试感知的产品创新性显著高于渐进型新产品组 [$M_{突破型新产品}$ = 5.95 vs. $M_{渐进型新产品}$ = 4.80, $F(1, 58)$ = 17.99, $p<0.001$]。因而,牙膏的新产品类型材料可用于主实验。

第二项预实验(预实验 13)的主要目的是检验产品陈列方式刺激材料的有效性。依照实验流程,被试会了解到有关新产品陈列方式的相关信息:普通陈列组的被试看到的是横排整齐摆放的陈列展架,创意陈列组的被试所看到的是五角星造型摆放的陈列展架(如图 12.3 所示)。在阅读完相应材料后,被试需要对陈列方式的创意程度做出评价,测量量表借鉴 Keh 等(2021)的研究,包括"我认为该款产品的陈列非常新颖""我认为该款产品的陈列非常有创意""我认为该款产品的陈列非常有美感"三个选项(Cronbach's $\alpha$ = 0.80)。

(a)普通陈列　　　　　(b)创意陈列

**图 12.3　产品陈列方式的操控材料**

预实验 13 通过见数平台招募被试并收集样本数据，共有 70 名被试参与了实验，其中约 34.29% 的被试是男性，平均年龄是 30 岁，40.00% 的被试月收入在 5 000 元及以下（其余 44.29% 在 5 001~10 000 元，10.00% 在 10 001~15 000 元，5.71% 在 15 000 元以上）。在对产品陈列方式刺激材料的有效性检验上，方差分析结果显示，创意陈列组的被试感知到的陈列创意程度显著高于普通陈列组 [$M_{创意陈列}$ = 5.72 vs. $M_{普通陈列}$ = 4.69，$F(1, 68)$ = 22.16，$p<0.001$]。因而，此产品陈列方式刺激材料可用于主实验。

## 12.3.2 研究设计

研究十一的主要目的是进一步探究产品陈列方式是否会制约危机后新产品类型对消费者采纳意愿的影响。研究采用 2（品牌危机：有 vs. 无）× 2（新产品类型：渐进型新产品 vs. 突破型新产品）× 2（产品陈列方式：普通陈列 vs. 创意陈列）的组间因子设计，其中过往没有危机事件发生组仍然作为实验的参照组。本次实验通过见数平台招募被试并收集样本数据，最终的样本构成为 309 名被试提供的数据，其中约 34.63% 的被试是男性，平均年龄为 29 岁，71.52% 的被试月收入在 1 万元以下（详见表 12.2）。

表 12.2 研究十一样本描述性统计信息

| 项目 | 类别 | 样本数 | 占比（%） |
| --- | --- | --- | --- |
| 性别 | 男 | 107 | 34.6 |
|  | 女 | 202 | 65.4 |
| 年龄 | 25 岁及以下 | 85 | 27.5 |
|  | 26~30 岁 | 110 | 35.6 |
|  | 31~35 岁 | 72 | 23.3 |
|  | 36~40 岁 | 35 | 11.3 |
|  | 40 岁以上 | 7 | 2.3 |

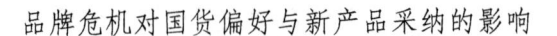

续表

| 项目 | 类别 | 样本数 | 占比（%） |
|---|---|---|---|
| 教育背景 | 大专及以下 | 2 | 0.6 |
| | 本科 | 267 | 86.4 |
| | 硕士研究生 | 37 | 12.0 |
| | 博士研究生 | 3 | 1.0 |
| 月收入水平 | 5 000元及以下 | 61 | 19.7 |
| | 5 001~10 000元 | 160 | 51.8 |
| | 10 001~15 000元 | 62 | 20.1 |
| | 15 000元以上 | 26 | 8.4 |

实验采用的刺激物是牙膏这一常见日用品。所有被试通过随机分配进入不同的实验组别。首先，危机情境组被试通过阅读材料了解到某虚拟品牌牙膏曾发生的品牌危机事件，即在抽检中被发现牙膏成分含有三氯生，这种化合物可能引发多种健康风险，包括加重肠道炎症、导致结肠癌的发生、发展及恶化。危机事件材料改编自"高露洁牙膏疑似含强致癌物事件"，并经过预测试检验。在阅读危机事件材料后，被试需要对事件可信度、严重性等多个方面做出评价。其次，被试阅读到距品牌危机事件发生3个月后，该品牌牙膏向市场推出新产品的相关信息；而非危机情境即参照组的被试则跳过危机事件材料刺激，直接进入新产品评价环节。新产品相关介绍材料已经过预实验检验，其中，渐进型新产品组被试了解到的信息是该新产品为原有牙膏的升级款，采用纯天然草本配方，同时具有更强的抗菌功效和使用舒适感；突破型新产品组被试了解到的信息是此款新产品为该品牌推出的全新系列产品，采用最新研发的材料与生产技术，在配方上实现了根本性的改变，能够达到高效的护齿与抗菌效果。同时，被试通过图片直观了解到新产品在零售店内陈列的方式（如图12.3所示）：普通陈列组被试看到的是横排整齐摆放的陈列方式，而创意陈列组被试看到的则是堆叠为五角星造型摆放的陈列方

式。之后，被试需要指出其新产品采纳意愿，并且对感知产品创新程度、感知相似性、感知风险等多个方面做出评价。最后，被试填写个人创新特质以及人口统计相关信息，并在实验结束后领取相应的报酬。

实验中对于消费者采纳意愿、感知产品创新程度、感知相似性、感知风险、消费者创新特质以及信息处理流畅性等变量的测量与前述研究保持一致。此外，对于陈列方式的操控检验与预实验13保持一致，包括"我认为该款产品的陈列非常新颖"等三个题项（Cronbach's $\alpha = 0.88$）。

## 12.3.3 研究结果

总体而言，被试认为实验材料呈现的产品伤害危机事件较为真实可信（$M = 5.50$, $SD = 0.77$），性质较为严重（$M = 6.13$, $SD = 0.92$），且与自身的关联度较高（$M = 5.51$, $SD = 1.06$）。操控检验结果表明，被试感知的突破型新产品的创新程度显著高于渐进型新产品的创新程度 [$M_{渐进型新产品} = 4.87$ vs. $M_{突破型新产品} = 5.97$, $F(1, 307) = 88.87$, $p < 0.001$]。另外，创意陈列组被试感知到的产品陈列创意水平显著高于普通陈列组被试的感知 [$M_{普通陈列} = 5.00$ vs. $M_{创意陈列} = 5.90$, $F(1, 307) = 69.78$, $p < 0.001$]。

在操控检验得到支持的基础上，以品牌危机事件情境（有 vs. 无）、新产品类型（突破型新产品 vs. 渐进型新产品）、新产品陈列方式（创意陈列 vs. 普通陈列）以及三者的交互项为自变量，消费者新产品采纳意愿为因变量，消费者创新特质、信息处理流畅性以及危机事件严重性等因素为控制变量进行方差分析。结果表明，在考虑消费者创新特质 [$F(1, 299) = 35.60$, $p < 0.001$] 和信息处理流畅性 [$F(1, 299) = 53.11$, $p < 0.001$] 等因素的影响后，品牌危机事件情境、新产品类型与新产品陈列方式之间的三阶交互作用对消费者新产品采纳意愿具有显著的影响 [$F(1, 299) = 4.82$, $p < 0.05$]。

具体而言，针对非危机情境组的分析结果表明，虽然新产品陈列方式对消费者新产品采纳意愿的影响显著 [$M_{普通陈列} = 5.53$ vs. $M_{创意陈列} = 5.87$, $F(1,$

145) = 6.14, $p<0.05$〕，但新产品类型〔$M_{渐进型新产品}$ = 5.66 vs. $M_{突破型新产品}$ = 5.76, $F(1, 145)$ = 0.34, $p = 0.56$〕及其与新产品陈列方式的交互作用〔$F(1, 145)$ = 0.91, $p = 0.34$〕对消费者采纳意愿没有产生显著的影响。

然而，针对品牌危机情境组的分析结果表明，品牌危机事件发生后企业推出的新产品类型对消费者采纳意愿具有显著影响，消费者对突破型新产品的采纳意愿显著高于对渐进型新产品的采纳意愿〔$M_{渐进型新产品}$ = 4.81 vs. $M_{突破型新产品}$ = 5.72, $F(1, 150)$ = 15.61, $p<0.001$〕；故此，$H7$ 再次得到支持。同时，新产品陈列方式〔$M_{普通陈列}$ = 4.90 vs. $M_{创意陈列}$ = 5.63, $F(1, 150)$ = 9.07, $p<0.01$〕及其与新产品类型的交互作用〔$F(1, 150)$ = 4.50, $p<0.05$〕对消费者采纳意愿也具有显著影响。事后比较结果表明（如图 12.4 所示），在零售情境中采用普通陈列方式展示新产品时，新产品类型对消费者采纳意愿的影响显著，即相对于渐进型新产品，被试对突破型新产品的采纳意愿更强〔$M_{渐进型新产品}$ = 4.25 vs. $M_{突破型新产品}$ = 5.57, $F(1, 77)$ = 22.27, $p<0.001$〕；当零售商采用创意陈列方式展示新产品时，虽然新产品类型对消费者采纳意愿仍然具有显著影响〔$M_{渐进型新产品}$ = 5.39 vs. $M_{突破型新产品}$ = 5.86, $F(1, 77)$ = 5.26, $p = 0.03$〕，但其影响作用已有所减弱。因此，$H13$ 也得到支持。

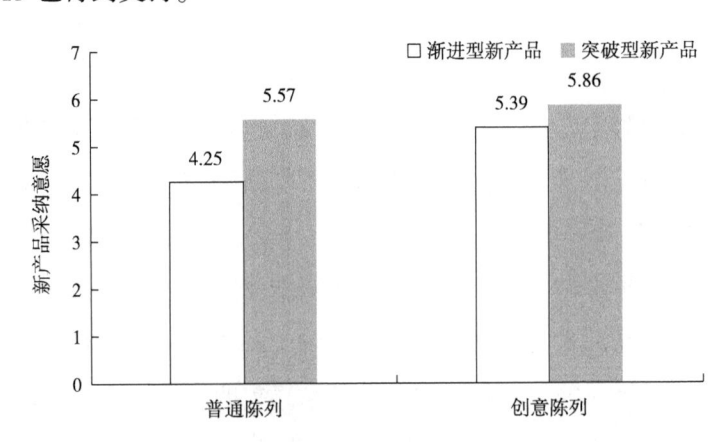

**图 12.4　新产品类型与产品陈列方式的交互作用**

针对品牌危机情境，采用 Bootstrapping 方法，以新产品类型为自变量、产品陈列方式为调节变量、感知相似性与感知风险为链式中介变量、消费者新产品采纳意愿为因变量进一步检验有调节的中介效应。选择模型83，基于5 000样本量的重复测试结果表明，新产品类型与产品陈列方式的交互作用仍然是通过对感知相似性和感知风险的链式中介作用间接对消费者采纳意愿产生影响（$\beta = 0.24$，$SE = 0.14$），其对应的95%置信区间为［0.02，0.56］，该区间不包含0，表明有调节的中介效应显著。

### 12.3.4 讨论

研究十一将产品类别从电子消费品变换为日用品，将品牌危机事件从不可辩解型变换为可辩解型，结果仍然支持了品牌危机事件后企业新产品类型对消费者采纳意愿具有显著影响这一结论。此外，研究结果表明，产品陈列方式能够调节新产品类型对消费者采纳意愿的影响。具体而言，当企业推出的新产品采用普通陈列方式时，渐进型新产品仍然会由于与原危机产品之间的相似性从而使消费者产生较强的风险感知，进而表现出较低的采纳意愿。此时，消费者对渐进型新产品的采纳意愿显著低于对突破型新产品的采纳意愿。然而，当企业采用创意陈列方式展示新产品时，产品陈列传递的新奇与美感体验有助于抢占消费者的注意力资源，进而有助于减弱新产品尤其是渐进型产品与原危机产品之间的相似性联想，使得消费者的感知风险相对较低，此时，原产品危机事件对新产品尤其是渐进型新产品的溢出效应减弱，新产品类型对消费者采纳意愿的影响也有所减弱。

# 13

# 综合讨论（下篇）

## 13.1 研究结论

随着网络的普及以及社会监督力量的增强,品牌危机事件的曝光及其对涉事企业的巨大冲击已得到业界与理论界的共同关注与广泛探讨,研究焦点集中在危机事件后企业采用何种修复策略有助于实现消费者与品牌关系再续、重新赢得市场。在前人的研究基础上,本项研究聚焦于深入探讨过往品牌危机事件对企业后续新产品推广潜在的溢出效应,尤其在危机事件后企业推出创新程度较大的突破型新产品(vs. 渐进型新产品)是否更能抑制此种负面溢出效应。

首先,基于一系列消费行为实验的研究结果表明,对于存在品牌危机史的企业而言,一方面,受品牌危机事件负面溢出效应的影响,其后续推出的新产品不易获得消费者采纳;另一方面,危机后企业推出的新产品类型会成为影响消费者采纳意愿的关键因素——创新程度更大的突破型新产品比渐进型新产品更有可能重新获得消费者接纳;换言之,企业过往品牌危机事件对其后续渐进型新产品产生的负面溢出效应远远强于对突破型新产品的负面溢出效应。形成这一影响效应的深层心理机制在于相对于突破型新产品而言,渐进型新产品的创新程度有限,消费者感知其与企业原危机产品之间的相似性更高,从而感知风险也更强,因此对这类新产品的采纳意愿也相应更低;即危机后新产品类型通过感知相似性与感知风险的链式中介作用对消费者采纳意愿产生影响。

其次,本项研究结果表明,品牌危机事件相关因素会制约(调节)涉事品牌新产品类型对消费者新产品采纳意愿的影响。一方面,从对危机事件归因的角度来看,当品牌危机被归因为企业内部原因(vs. 外部原因)时,消费者会对涉事品牌有更高的责任认定,同时也更警惕与该品牌的后续交易以规避此类风险,只有当企业给出完全不同于过去的解决方案以使消费者相

信企业已经做出彻底的改变与突破时，消费者才会愿意重新给予企业机会，尝试购买涉事品牌提供的新产品。因此，相对于企业责任较弱、更容易获得消费者谅解的外因型危机事件，在企业责任认定较大的内因型危机事件后，涉事企业后续推出的新产品类型对于消费者采纳意愿具有更强的影响。另一方面，从涉事企业对危机事件的反应来看，涉事企业曾采取的危机应对策略不仅会直接影响消费者对企业后续推出新产品的接纳意愿，而且还会制约新产品类型对消费者采纳意愿的影响作用。相对于没有体现出企业在危机事件中的担当以及对消费者权益有效维护的缄默型应对策略及辩解型应对策略，和解型应对策略有效传递了企业重视消费者、愿意负责任的态度，具备妥善处理危机事件的能力，以及能传达出不再犯错的诚意，使得消费者更容易宽恕涉事企业并打消其后顾之忧，愿意继续支持企业后续推出的新产品，此时，后续新产品类型对消费者采纳意愿的影响也不再显著。

再次，本项研究结果同时表明，消费者个体相关的特质因素也会影响其对于涉事品牌不同类型新产品的考量与评估，相对于解释水平较高的消费者，解释水平较低的消费者在品牌危机事件后受新产品类型的影响更大。

最后，危机后涉事品牌新产品类型对消费者采纳意愿的影响还会受到新产品相关因素的制约。本项研究结果表明，较高的产品外观新颖性有助于削弱新产品尤其是渐进型新产品与原危机产品之间的关联性与相似性，降低消费者的风险感知，进而有助于抑制危机事件后新产品类型对消费者采纳意愿的影响。类似地，相对于普通陈列，零售环境中采用创意陈列展示新产品时，新颖且美观的视觉冲击与体验也有助于在一定程度上阻隔消费者对原危机产品的负面联想，进而能够削弱危机事件后新产品类型对于消费者采纳意愿的影响。

## 13.2 理论贡献

本项研究结论能够在如下四个方面对现有研究与认知形成有益补充,对品牌危机管理及新产品评价与采纳研究的相关文献做出了有价值的理论贡献。

首先,现有研究已经证实品牌危机会向市场上类似的产品与关联产品溢出(Lei et al.,2008;范宝财 等,2014),本书拓展了品牌危机溢出效应的研究内容。现有研究对品牌危机溢出效应的探讨主要基于内部和外部两种视角,基于内部视角的研究大多聚焦于横向剖析品牌危机对企业内部其他品牌与产品的溢出(Lei et al.,2008;范宝财 等,2014),但品牌危机对企业后续新产品的影响,以及企业后续的新产品类型对品牌危机的修复又会产生怎样的影响,这些问题尚不明确。而本研究将此视角拓展至基于纵向时间线探索企业过往发生的品牌危机事件对其后续新产品的潜在溢出效应及其作用机制,并将新产品区分为渐进型新产品和突破型新产品以展开对比分析,由此发现品牌危机对企业后续渐进型新产品产生的负面溢出效应显著强于对其突破型新产品产生的负面溢出效应。

其次,尽管已有大量文献探索和研究新产品采纳意愿的影响因素,诸如新产品特征、消费者个体因素以及各种情境因素,本项研究创新性地将品牌危机情境引入新产品采纳意愿研究中,进而辨识出危机情境中消费者新产品采纳意愿的影响因素及其作用与非危机情境的差异。现有研究发现新产品类型对消费者采纳意愿的影响主要取决于消费者个体因素以及情境因素(Herzenstein et al.,2007;Ma et al.,2014;黄静 等,2019;朱华伟 等,2022);而本项研究补充指出在品牌危机情境中,新产品类型是影响消费者重新采纳意愿的关键因素,改进更大的突破型新产品(vs. 渐进型新产品)更容易获得消费者采纳。另外,已有文献指出产品外观新颖性既有可能由于

独特的符号价值与差异化形象促进消费者采纳（Rubera, 2014; Talke et al., 2017），也有可能降低消费者对产品可靠性与易用性的感知（Mugge et al., 2018）、增强产品蕴含的社会风险（朱振中 等, 2020），进而阻碍消费者采纳。本研究进一步指出，在品牌危机事件发生后，着力提升产品外观新颖性对促进渐进型新产品（vs. 突破型新产品）的采纳具有更为重要的意义与价值。

再次，本项研究将品牌危机情境、新产品类型与消费者采纳意愿联系起来进行研究后进一步挖掘出其中的心理作用机制，揭示出感知相似性和感知风险的链式中介作用，指出在企业过往危机史的影响下，新产品与原产品之间的相似性会成为影响消费者风险感知的关键因素，此时原本不确定性风险更小的渐进型新产品会失去其比较优势，而具有更大突破性、对原产品颠覆更大的突破型新产品则更容易得到消费者青睐。这一点在已有文献中未能充分阐释。本研究运用消费行为实验法探索出这一结论，丰富了现有文献对新产品类型影响消费者采纳意愿的研究视野，对深入剖析新产品类型与消费者采纳意愿之间的联系提供了有价值的见解，为危机发生后新产品开发策略的思考和分析提供了有益参考。

最后，本研究拓宽了企业采取危机修复策略的研究思路。现有研究对危机修复策略的探讨主要集中于企业社会责任策略（Kim and Choi, 2018; 白琳、高洁, 2023），而本研究关注到新产品开发对危机修复的影响，进一步表明涉事企业在产品层面的研发创新对于修复危机负面影响也具有重要意义。不同于以往研究对危机后企业形象修复的关注，本项研究更关注并强调危机后企业在市场销量与市场份额上的修复，并补充指出危机后新产品传递出的创新性与差异化感知是重新获得消费者认可的关键，企业可从技术层面与外观设计层面着手寻求突破，以重获市场关注，从而尽早摆脱危机事件的负面影响、加速恢复其市场地位。

## 13.3 管理启示

本项研究结论对企业经营管理者而言也具有一定的启示。

第一，企业应警惕过往品牌危机事件对其后续新产品推广产生的负面溢出效应。考虑到此类溢出效应的存在，企业在后续经营中应更注重技术突破与创新，更有针对性地选择开发与原危机产品差别更明显、突破更大的新产品，从而有助于削弱消费者对新旧产品之间相似性的感知及在此基础上对风险的评估，也就更有可能重新获得消费者的认可与接纳、实现消费者与品牌关系的再续。换言之，选择适宜的新产品开发策略有助于企业重新占领市场，修复危机事件对品牌与企业经营的负面影响，重振旗鼓、东山再起。

第二，企业可以通过识别消费者对危机事件的归因类型，合理引导消费者归因，来预判或改变危机事件对后续不同类型新产品推广可能产生的影响。当品牌危机事件发生后，涉事企业应该明确危机事件发生的原因，相对于外因型危机事件，企业更应警惕内因型危机事件的影响。一方面，在品牌危机事件发生后，涉事企业应密切关注舆论导向，同时积极发布相关信息引导消费者对危机事件进行外部归因，以此减弱消费者对涉事企业的责任认定，降低危机事件的负面影响；另一方面，当识别出消费者对危机事件的归因为企业内部原因，同时企业也无从辩解时，涉事企业则需要更为审慎地选择新产品开发策略，应重点研发颠覆性较大、与原危机产品差异更明显的突破型新产品，以期获得消费者的重新认可。

第三，企业应充分意识到品牌危机事件应对策略的选择不仅会影响到事态爆发当下危机事件的处理效果，而且还会对涉事企业后续的经营和发展产生更为持久的影响。当品牌危机事件发生时，涉事企业若能对危机事件做出快速响应，采取给予消费者换货或退货渠道、发放优惠券或进行经济补偿等和解型应对方式，安抚消费者的心情、获得消费者的宽恕同时消除其后顾之

忧，那么涉事企业不仅能够更快速、有效地化解危机事件风波，而且其后续推出的新产品也更容易获得消费者的认可。反之，如若涉事企业曾采取的是辩解型或缄默型危机应对策略，那就应该更有针对性地选择新产品开发与推广策略，相对改变有限的渐进型新产品，颠覆性更大的突破型新产品更有可能帮助涉事企业实现消费者与品牌关系再续。

第四，虽然消费者在不同生活背景中易于形成较为稳定的解释水平倾向，但相关研究也表明，消费者感受到的心理距离等因素会影响其在具体情境中的解释水平（Liberman and Trope，1998），从而对其产品评价与决策产生重要影响。因此，曾发生品牌危机事件的企业若在后续推出渐进型新产品，一方面可以通过更精准的市场细分识别出解释水平较低的消费群体，从而开展更有针对性的新产品营销；另一方面也可以采取适宜的方式（如广告、店内主题活动）引导消费者联想很久以前发生或遥远的未来可能发生的事情，提高消费者的解释水平，以削弱过往危机事件对新产品尤其是对渐进型新产品采纳意愿的负面影响。

第五，尽管本研究结果表明危机事件后推出突破型新产品是涉事企业的最优选择，然而，在竞争日益白热化的成熟市场，企业开展技术创新愈发困难，技术创新的成本也愈发高昂，部分企业受外部环境或自身条件诸如研发能力与研发经费（尤其是品牌危机导致市场业绩急剧下滑造成研发投入受限）等因素限制，在短期内只能开展渐进型创新。在这种情况下，企业应充分认识到除了产品功效或技术层面的相似性，产品外观新颖性这一视觉线索也有助于令消费者对新产品产生差异化的"第一印象"，影响消费者对新旧产品之间相似性的感知进而影响其新产品采纳意愿。故此，对于开展渐进型创新的企业而言，可以在产品外观设计层面着力提升新产品外观（包括实物形状、颜色、图案等）的新颖性（胡学平 等，2014；Rindova and Petkova，2007），传递全新的产品形象，达到让消费者感到"耳目一新"的效果。这不仅有助于切断与原危机产品的关联，而且有助于让消费者感受到企业在产

品危机事件上"穷则思变"的反省与反思，从而更容易获得消费者的重新采纳。

第六，新产品陈列方式也能够影响消费者对于危机事件后企业推出的新产品的评价与采纳。危机企业可以采用创意陈列的方式给予消费者较大的视觉冲击，从而降低消费者对于新产品和危机产品之间的感知相似性，进而减弱过往危机事件对新产品尤其是渐进型新产品采纳意愿的负面影响。因此，发生过品牌危机事件的企业，在新产品营销时，可以在产品陈列方式上多下功夫，企业可以在线下与线上零售情境中采用创意陈列展示新产品。例如，在线下零售环境中，将耳机组合摆放出音符的形状；在线上旗舰店展示产品时，可以将单一产品图片替换为采用创意陈列组合摆放的图片的形式形成视觉冲击。这不仅有助于吸引消费者的注意力，而且能够充分利用陈列方式中的创意与美感让消费者在最初面对新产品时即产生与众不同的感受，令消费者在评价之初就采用相异性的视角看待新产品，从而也有助于削弱过往品牌危机事件的不利影响。

## 13.4 研究局限与未来研究方向

尽管本项研究所包含的一系列消费行为实验实证数据有力支持了本项研究模型与各项研究假设，但本项研究仍然存在如下几方面的局限，有待后续研究继续深入探索并加以改进。

首先，延续营销领域大部分前人的研究，本项研究仍然依据产品技术层面的创新这一标准，将新产品分为渐进型新产品与突破型新产品这两种类型（Song and Montoya-Weiss, 1998；Mugge and Dahl, 2013；Ma et al., 2014）。然而，一些学者对产品创新这一问题也有不同的看法，例如，Talke等（2009，2017）认为，产品创新性（product innovativeness）应分为技术层面的创新与外观设计层面的创新两个维度，这两个维度均会影响产品新颖

性（newness）进而有助于提升产品销量。由于新产品类型与产品外观新颖性、创意陈列方式涉及不同层面的新颖性感知，尤其被试对新产品类型（或感知产品创新性）的判断是否会受到产品陈列方式的影响，仍待后续研究展开更深入的探讨及更严谨的检验。

鉴于此，后续研究可考虑采取多个维度综合界定及测量产品创新性，并在此基础上进一步验证本项研究结果的稳定性，以及综合考虑消费群体特质因素（如自我建构、思维模式等）可能发挥的潜在调节作用。此外，即使在危机情境中，产品创新性提升到一定程度后也有可能引起感知风险急剧提升（Ma et al., 2015），其对消费者采纳意愿是始终具有积极影响还是存在影响作用的上限，也有待后续研究进一步检验。

其次，以往研究主要以市场上某类产品现有外观特征的平均水平为参照以衡量新产品的外观新颖性，外观新颖性越高意味着与市场上现有产品典型外观偏离程度越大（Mugge and Dahl, 2013；Talke et al., 2009；朱振中 等，2020）。尽管在本项研究中，产品外观新颖性特指新产品外观与企业原产品（即引发危机事件的产品）外观特征之间的偏离程度，但在实验具体操作中，原产品的外观被设定为市场上该品类现有产品的典型外观，从而新产品的外观新颖性仍然体现为与现有产品典型外观的偏离程度，因此在操作层面并未偏离以往研究对这一概念的界定。对此，后续研究可严谨考量新产品外观虽与企业原产品外观偏离较大，但与市场上其他企业现有产品外观较为类似这一特殊情形，以检验本项研究结果的稳定性或做出新的补充。另外，本项研究发现产品外观新颖性能够调节新产品类型对消费者采纳意愿的影响，但其中一个基本的假设在于消费者在视觉差异化线索干扰下的启发式信息处理方式，对此，后续研究可继续深入探讨当通过操控引导消费者采用分析式信息处理方式或投入更多认知努力时，或者对于具备更多产品专业知识的专家型（vs. 新手型）消费者而言，即使是在高外观新颖性的情况下是否仍能辨识出两类新产品在（与原危机产品）感知相似性上的差异，从而仍

然表现出对突破型新产品更强的偏好，导致产品外观新颖性的调节作用不再显著。

再次，本研究在对新产品陈列方式进行研究时采取了消费行为实验法进行实证检验，尽管在一定程度上符合科学、严谨的原则，然而消费者在现实情境中（如在零售商店内）对新产品陈列的感知与实验情境中单纯依赖陈列图片形成的感知难免会存在一定的差异，因此，未来的研究可通过田野实验的方法进一步探索在真实营销情境中新产品陈列方式对危机后涉事企业不同类型新产品推广效果的影响作用。

最后，本项研究在实验设计中参照部分企业实践将危机事件发生与企业后续推出新产品的时间间隔设定在一年以内，但考虑到"时间打折"效应的存在（Ma et al.，2014），后续研究一方面可继续探讨危机事件与新产品面市之间更长的时间间隔是否有助于弱化危机事件对新产品的负面溢出效应，另一方面，也可深入探讨这一时间间隔长短是否会进一步制约危机后新产品类型对消费者采纳意愿的影响作用。

# 参考文献

[1] 白琳,高洁."私"之不存,"公"将焉附?：品牌危机后CSR策略的修复机理研究[J].珞珈管理评论,2023,49(4):1-20.

[2] 蔡玉程,王汉瑛,邢红卫.缓冲垫还是双刃剑：产品伤害危机下企业社会责任声誉的异质性效应[J].南京社会科学,2020(7):18-25,33.

[3] 陈辉辉,郑毓煌,范筱萌.混乱有益?混乱的物理环境对创造力的影响[J].营销科学学报,2013,9(4):90-100.

[4] 陈瑞,郑毓煌.孤独感对不确定消费偏好的影响：新产品、产品包装和概率促销中的表现[J].心理学报,2015,47(8):1067-1076.

[5] 陈斯允,卫海英,冉雅璇,等."重整旗鼓"还是"重蹈覆辙"：新起点思维与品牌危机类型对消费者宽恕的影响[J].南开管理评论,2020,23(4):49-59,83.

[6] 陈通,青平,肖邦明.企业社会责任沟通策略如何缓解产品伤害危机?沟通策略与危机类型的交互作用[J].财贸研究,2019,30(5):80-90.

[7] 陈文沛,刘伟,李忆.消费者创新性、消费者特性与新产品采用行为关系的实证研究[J].管理评论,2010,22(5):35-41,62.

[8] 程霞.产品伤害危机负面溢出的应对策略：基于危机归因调节作用的视角[J].财经理论研究,2016(1):99-105.

[9] 崔保军.产品伤害危机情境下消费者感知风险的研究述评与展望[J].商业经济与管理,2015(4):63-73.

[10] 崔保军,余伟萍. 行业潜规则型产品伤害危机的特征、成因与治理:以食品行业为例[J]. 社会科学战线,2015(8):44-53.

[11] 崔保军,余伟萍. 群发性产品伤害危机对消费者感知品类风险影响的实证研究[J]. 河南师范大学学报(哲学社会科学版),2017,44(4):79-84.

[12] 崔保军,余伟萍,吴波. 群发性产品伤害危机对品类抵制意愿的影响研究:思维方式的调节作用[J]. 大连理工大学学报(社会科学版),2019,40(6):48-56.

[13] 崔泮为,杨洋,李蔚. CSR策略修复产品伤害危机后品牌信任的效果研究:调节变量和中介变量的作用[J]. 中央财经大学学报,2015(2):69-74.

[14] 崔登峰,桑玲玲. 时间导向对消费者本土品牌偏好的影响实证研究[J]. 商业经济研究,2020(15):61-64.

[15] 党宝宝,张庆林,雷雳. 群际威胁感与外群体态度:基于社会认同理论的视角[J]. 心理科学进展,2014,22(5):815-824.

[16] 杜晓梦,赵占波,崔晓. 评论效价、新产品类型与调节定向对在线评论有用性的影响. 心理学报,2015,47(4):555-568.

[17] 樊帅,田志龙. 产品伤害危机下CSR策略匹配度对购买意愿的影响:基于消费者怀疑的中介作用[J]. 经济管理,2017,39(8):116-132.

[18] 范宝财,杨洋,李蔚. 产品伤害危机属性对横向溢出效应的影响研究:产品相似性和企业声誉的调节作用[J]. 商业经济与管理,2014(11):21-30.

[19] 方正,杨洋,李蔚,蔡静. 产品伤害危机溢出效应的发生条件和应对策略研究:预判和应对其他品牌引发的产品伤害危机[J]. 南开管理评论,2013,16(6):19-27,58.

[20] 费显政,李陈微,周舒华. 一损俱损还是因祸得福?:企业社会责

任声誉溢出效应研究 [J]. 管理世界, 2010 (4): 74-82, 98.

[21] 冯蛟, 卢强, 李辉. 群发性负面中未曝光企业应对策略对购买意愿的动态影响: 品牌声誉的调节作用 [J]. 当代财经, 2015 (5): 66-77.

[22] 凤四海, 张甜, 黄希庭, 等. 解释水平和事件性质对活动设定时间距离的影响 [J]. 心理科学, 2008 (4): 848-851.

[23] 韩冰, 王良燕. 品牌负面事件的溢出效应及影响因素述评 [J]. 心理科学, 2017, 40 (1): 193-199.

[24] 韩小林, 刘向明. 对近代中国"国货意识"的探讨 [J]. 嘉应大学学报 (哲学社会科学版), 1995 (4): 24-28.

[25] 郝放, 庞隽, 刘晓梅, 等. 不同类型的社会排斥对消费者新产品偏好的影响机制 [J]. 消费经济, 2018, 34 (5): 56-63.

[26] 何昊, 黎建新, 汪涛. 合理性视角下企业的环境责任行为与消费者响应: 解释水平的调节效应 [J]. 商业经济与管理, 2017 (1): 64-72.

[27] 何佳讯, 吴漪, 丁利剑, 等. 文化认同、国货意识与中国城市市场细分战略: 来自中国六城市的证据 [J]. 管理世界, 2017 (7): 120-128.

[28] 何佳讯, 黄海洋, 何盈. 品牌全球化、国家品牌形象与产品品类内外溢出效应 [J]. 华东师范大学学报 (哲学社会科学版), 2020, 52 (6): 137-151, 181-182.

[29] 胡学平, 孙继民, 曹蕊, 等. 实物形状的知觉相似性对视觉隐喻加工的影响 [J]. 心理学报, 2014, 46 (5).

[30] 胡学源. 康德哲学中的"归责问题"及其解决: 以两种意义的意志自律概念为基础 [J]. 世界哲学, 2021 (6): 109-119.

[31] 黄海洋, 何佳讯, 朱良杰. 消费者世界主义, 外族中心主义与民族中心主义对品牌态度影响机制的比较研究: 面子的正负调节效应 [J]. 南开管理评论, 2021, 24 (2): 13-24.

[32] 黄静, 肖皓文, 温振洋, 陈彦旭. 更进一步还是重新开始?: 思维

模式对消费者新产品采用的影响. 中国软科学, 2019 (12): 96-107.

[33] 黄敏学, 李萍, 王艺婷. 新产品评论不一致一定是坏事吗?: 基于社会价值视角 [J]. 营销科学学报, 2016, 12 (3): 36-50.

[34] 黄启祥. 群体道德与个人道德相辅相成: 对梁启超公德论的一个考察 [J]. 文史哲, 2022 (5): 155-164, 168.

[35] 江红艳, 王海忠, 钟科. 品牌丑闻对国家形象的溢出效应: 原产国刻板印象内容的调节作用 [J]. 商业经济与管理, 2014 (6): 55-64.

[36] 靳明, 赵敏, 杨波等. 食品安全事件影响下的消费替代意愿分析: 以肯德基食品安全事件为例 [J]. 中国农村经济, 2015, 372 (12): 77-94.

[37] 景奉杰, 任金中. 产品伤害负面中影响消费者购买意图因素的重要性: 负面严重程度及性别存在影响吗? [J]. 中大管理研究, 2011 (3): 64-89.

[38] 井淼, 周颖. 产品伤害危机中危机反应策略对品牌资产的影响: 基于企业社会责任的视角 [J]. 工业工程与管理, 2013, 18 (2): 122-130.

[39] 劳可夫. 消费者创新性对绿色消费行为的影响机制研究 [J]. 南开管理评论, 2013, 16 (4): 106-113, 132.

[40] 李东进, 金慧贞, 郑军. 产品陈列对极度不一致新产品评价的影响研究 [J]. 管理评论, 2018, 30 (9): 97-109, 163.

[41] 李国峰, 邹鹏, 陈涛. 产品伤害危机管理对品牌声誉与品牌忠诚关系的影响研究 [J]. 中国软科学, 2008 (1): 108-115, 134.

[42] 李剑力. 不确定性环境下探索性和开发性创新的平衡与企业绩效关系研究 [J]. 中国科技论坛, 2009, (7): 73-79.

[43] 李姝, 高山行. 环境不确定性对渐进式创新和突破式创新的影响研究 [J]. 华东经济管理, 2014, 28 (7): 131-136.

[44] 李倩倩, 崔翠翠. 本土品牌逆袭与消费者偏好逆转的纵向扎根研究 [J]. 管理科学, 2018, 31 (5), 14-23.

［45］李四兰，陈国平，李亚林．产品伤害危机后企业社会责任行为对品牌影响力的修复机理［J］．企业经济，2020，39（6）：112-119．

［46］李婷燕．群际威胁对外群体帮助行为的影响［J］．西南大学，2013．

［47］李风瑞，金晓辉．提高全民族的"国货意识"［J］．理论学习与研究，2000（3）：30-31．

［48］李汉林，魏钦恭，张彦．社会变迁过程中的结构紧张［J］．中国社会科学，2010（2）：121-143，223．

［49］李杨，邬金涛，符国群．道德型品牌危机事件的溢出效应及应对策略研究［J］．经济与管理研究，2022，43（3）：130-144．

［50］李忆，司有和．探索式创新、利用式创新与绩效：战略和环境的影响［J］．南开管理评论，2008（5）：4-12．

［51］刘春章，余明阳，侯傲霜．品牌危机的演化机理探析［J］．市场营销导刊，2008（3）：72-75．

［52］刘建新，范秀成．新产品试用对消费者冲动性消费的影响：基于心理所有权和心理内疚感的双中介模型［J］．当代财经，2020（9）：76-89．

［53］刘建新，李东进．品牌代言人丑闻对消费者品牌信任的影响：一个有调节的双中介模型［J］．财经论丛，2021，277（10）：79-90．

［54］刘志超，邹晓莹．网红直播带货一定更受青睐吗：在线购物情境匹配对新产品采纳的影响研究［J］．华南理工大学学报（社会科学版），2021，23（5）：14-24．

［55］刘志阳．"双循环"新发展格局与民族企业新使命［J］．人民论坛，2021（26）：14-18．

［56］柳武妹，雷亮，李志远，等．触摸，还是不触摸？先前触摸促进新产品接受［J］．心理学报，2018，50（7）：782-792．

［57］柳武妹，梁剑平．选择红色还是蓝色：背景色彩影响视觉新产品

评估的现象、中介及边界体制研究［J］．南开管理评论，2015，18（5）：97-109．

［58］柳武妹，张晓萍，李东进．消费者存在安全感对国货偏好的影响研究［J］．商业经济与管理，2014（4）：5-12．

［59］卢强，冯蛟，李辉．多品牌产品危机中企业应对策略对消费者购买意愿的影响研究：消费者负面情绪的中介作用［J］．北京交通大学学报（社会科学版），2017，16（3）：63-73．

［60］卢小君，马从凯，苗俊杰．大学生"消费者民族中心主义"的实证研究：以电子产品消费为例［J］．消费经济，2010，26（5）：70-73．

［61］罗勇，周庭锐，唐小飞，等．产品创新性对消费者情境性调节定向的影响研究［J］．预测，2013，32（2）：12-17．

［62］马宇泽，王琳，张永强，等．拟人化沟通对新产品采纳的影响效应研究［J］．科学学与科学技术管理，2017，38（8）：133-143．

［63］聂春艳，汪涛，刘英为．"情有可原"还是"罪加一等"：文化混搭对消费者的宽恕意愿的影响［J］．营销科学学报，2023，3（2）：20-36．

［64］潘佳，刘益，王良．企业产品伤害危机响应策略对股票市场的影响［J］．管理学报，2014，11（11）：1696-1702．

［65］青平，朱信凯，李万君，等．产品伤害负面对竞争品牌的外溢效应分析：以农产品为例［J］．中国农村经济，2013（2）：12-22．

［66］青平，张莹，涂铭，等．农产品品牌危机对消费者负面信息传播影响的实验研究［J］．中国农村经济，2015（6）：63-73．

［67］青平，张莹，涂铭，等．网络意见领袖动员方式对网络集群行为参与的影响研究：基于产品伤害危机背景下的实验研究［J］．管理世界，2016（7）：109-120．

［68］冉雅璇，卫海英，Maglio，等．"单枪匹马"还是"人多势众"：

企业道歉者人数对消费者宽恕的影响 [J]. 南开管理评论, 2017, 20 (4): 38-48.

[69] 孙瑾, 苗盼. 近筹 vs. 远略: 解释水平视角的绿色广告有效性研究 [J]. 南开管理评论, 2018, 21 (4): 195-205.

[70] 孙莹, 杜建刚, 李文忠, 等. 产品召回中的负面情绪和感知风险对消费者购买意愿的影响: 基于汽车产品召回的实证研究 [J]. 管理评论, 2014, 26 (2): 104-110.

[71] 陶红, 卫海英. 抢雷策略对品牌危机修复效果的影响研究: 品牌危机类型、品牌声誉的调节作用 [J]. 南开管理评论, 2016 (3): 77-88, 97.

[72] 田阳, 黄韫慧, 王海忠, 等. 品牌丑闻负面溢出效应的跨文化差异研究: 基于自我建构视角 [J]. 营销科学学报, 2013, 9 (2): 90-98.

[73] 涂铭, 景奉杰, 汪兴东. 产品伤害危机中的负面情绪对消费者应对行为的影响研究 [J]. 管理学报, 2013, 10 (12): 1823-1832.

[74] 涂铭, 景奉杰, 汪兴东. 负面产品的购买行为研究: 威胁评估和不确定规避的作用 [J]. 商业经济与管理, 2014 (11): 31-40.

[75] 汪蓉, 李辉. 消费者国货意识对国外品牌产品购买意向的影响机制: 兼论消费者-品牌情感的调节效应 [J]. 经济与管理研究, 2013 (3): 102-110.

[76] 汪涛, 张琴, 张辉, 等. 如何削弱产品来源国效应: 产品信息呈现方式的影响研究 [J]. 心理学报, 2012, 44 (6): 841-852.

[77] 汪涛, 周玲, 周南, 等. 来源国形象是如何形成的?: 基于美、印消费者评价和合理性理论视角的扎根研究 [J]. 管理世界, 2012 (3): 113-126.

[78] 汪兴东, 景奉杰, 涂铭. 单 (群) 发性产品伤害负面的行业溢出效应研究 [J]. 中国科技论坛, 2012 (11): 58-64.

[79] 汪兴东, 郭锦墉, 陈胜东. 农产品区域品牌负面信息溢出效应研究 [J]. 商业研究, 2013, 55 (7): 134-142.

[80] 王财玉, 雷雳. 消费者对犯错品牌评价的时间打折效应及其影响因素 [J]. 心理科学, 2014, 37 (4): 957-961.

[81] 王海忠. 消费者民族中心主义的中国本土化研究 [J]. 南开管理评论, 2003 (4): 31-36.

[82] 王海忠, 于春玲, 赵平. 消费者民族中心主义的两面性及其市场战略意义 [J]. 管理世界, 2005 (2): 96-107.

[83] 王海忠, 赵平. 基于消费者民族中心主义倾向的市场细分研究 [J]. 管理世界, 2004, 5 (5): 88-96, 156.

[84] 王海忠, 闫怡, 何朕鑫. 消费者参与新产品构思对线上社群成员自我-品牌联接和品牌依恋的影响 [J]. 管理学报, 2017, 14 (3): 400-413.

[85] 王海忠, 田阳, 胡俊华. 品牌联合中的负面溢出效应: 基于选择通达机制视角. 营销科学学报, 2010, 6 (2): 32-41.

[86] 王会娜, 赵玉芳, 李芳丽. 群际威胁情境下弱势群体的内隐和外显自我评价研究 [J]. 心理技术与应用, 2017, 5 (5): 258-264.

[87] 王军, 青平, 李慧超. 产品伤害负面背景下竞争品牌间负面溢出的非对称效应研究 [J]. 软科学, 2015, 29 (2): 126-130.

[88] 王鹏, 黄谦. 品牌原产地困惑对品牌特性认知和偏好的影响 [J]. 西安财经学院学报, 2015, 28 (4): 79-86.

[89] 王鹏, 庄贵军. 北京奥运会对中国消费者国货意识的影响 [J]. 软科学, 2010, 24 (4): 130-134, 140.

[90] 王鹏, 庄贵军, 张涛. 三聚氰胺事件对中国消费者国家形象感知及本土品牌偏好影响的研究 [J]. 软科学, 2009, 23 (11): 69-72.

[91] 王鹏, 庄贵军, 周英超. 爱国主义和民族主义对中国消费者国货

意识影响的研究[J]. 管理学报, 2012 (4): 548-554.

[92] 王瑞. 老字号的品牌延伸产品购买意愿研究: 文化认同、契合度的影响[J]. 东北农业大学学报（社会科学版）, 2015, 13 (5): 17-23.

[93] 王夏, 郭文静, 陈立平. 品牌来源国形象对品牌危机溢出效应的影响: 基于消费者归因的视角[J]. 珞珈管理评论, 2021 (3): 87-102.

[94] 王夏. 品牌危机溢出效应的预警与应对: 基于品牌来源国形象的视角[M]. 武汉: 武汉大学出版社, 2023.

[95] 王新刚, 李祖兰, 周玲. 品牌丑闻溢出效应文献述评: 跨国非对称视角[J]. 华东经济管理, 2017, 31 (1): 169-175.

[96] 王新刚, 周玲, 周南. 品牌丑闻跨国非对称溢出效应研究: 国家形象构成要素视角[J]. 经济管理, 2017b (4): 128-142.

[97] 王永健, 谢卫红, 王田绘, 等. 强弱关系与突破式创新关系研究: 吸收能力的中介作用和环境动态性的调节效应[J]. 管理评论, 2016, 28 (10): 111-122.

[98] 卫海英, 魏巍. 消费者宽恕意愿对产品伤害危机的影响[J]. 经济管理, 2011, 33 (8): 101-108.

[99] 吴剑琳, 吕萍. 网络情境下产品伤害负面负面溢出效应研究: 基于信息加工的视角. 技术经济与管理研究, 2016 (8): 9-14.

[100] 吴思, 唐生桂. 产品伤害负面溢出效应中的应对策略效果比较研究: 基于品牌相对地位的视角[J]. 管理学刊, 2017, 30 (6): 33-41.

[101] 薛骄龙, 花海燕, 杨洋, 等. 相似性对负面溢出效应的影响研究[J]. 中央财经大学学报, 2016 (8): 103-112.

[102] 余明阳, 陈晶晶, 薛可. 负面品牌应对策略与负面类型对竞争品牌信任的影响研究[J]. 上海管理科学, 2019, 41 (2): 50-55.

[103] 余伟萍, 张啸, 段桂敏. 微博情境下品牌丑闻溢出效应的应对策略研究: 基于竞争品牌视角[J]. 软科学, 2015, 29 (2): 6-10.

[104] 徐岚，王海忠，陈子涵．消费者本体安全感与家乡品牌偏好的关系研究［J］．南开管理评论，2020，23（3）：45-56.

[105] 徐伟，冯林燕，王新新．国际化后本土品牌的真实性还影响购买意向吗？消费者民族中心主义和合作地位的作用［J］．商业经济与管理，2017（10）：62-71.

[106] 杨建君，杨慧军，马婷．集体主义文化和个人主义文化对技术创新方式的影响：信任的调节［J］．管理科学，2013，26（6）：1-11.

[107] 杨强，孟陆，董泽瑞．基于消费者认知的新产品市场扩散障碍因素研究：一个被调节的中介模型［J］．商业研究，2017（11）：17-24.

[108] 杨亚平，王沛，尹志慧，陈庆伟，冯夏．刻板印象激活的无意图性及其大脑神经活动特征［J］．心理学报，2015，47（4）：488-502.

[109] 杨治良．同化与对比效应的实验研究［J］．心理科学，1999，22（3）：471-474.

[110] 杨治良．简明心理学辞典［M］．上海：上海辞书出版社，2007：227.

[111] 张慧颖，吕爽．智力资本、创新类型及产品创新绩效关系研究［J］．科学学与科学技术管理，2014，35（2）：162-168.

[112] 张建玲，赵玉芳．群际威胁与对内群体和外群体支持决策的关系研究［J］．西南大学学报（自然科学版），2012，34（4）：152-156.

[113] 张婧，段艳玲．市场导向对创新类型和产品创新绩效的影响［J］．科研管理，2011，32（5）：68-77.

[114] 张婍，冯江平，王二平．群际威胁的分类及其对群体偏见的影响［J］．心理科学进展，2009，17（2）：473-480.

[115] 张婍，乐国安，张钦．群际威胁、内群体偏好与群际态度：基于社会比较和相对剥夺的视角［J］．心理科学，2009，32（2）：433-437.

[116] 张少峰，张彪，朱依婕，等．产品危害危机对新产品销量的溢出

效应［J］．软科学，2021，35（12）：129-136．

［117］张书维．群际威胁与集群行为意向：群体性事件的双路径模型［J］．心理学报，2013，45（12）：1410-1430．

［118］张璇，张红霞．毁灭还是重生：多品牌负面事件中的替罪羊效应［J］．营销科学学报，2014，9（4）：30-43．

［119］张燚．国货信念培养研究：意义、现状及趋势［J］．兰州学刊，2017（1）：169-175．

［120］郑彬，卫海英．品牌危机的内涵、分类及应对策略研究［J］．现代管理科学，2011（2）：91-93．

［121］郑鸽，毕重增，赵玉芳．群际威胁与社会认知基本维度自我肯定对自我评价的影响［J］．心理科学，2015，38（4）：928-932．

［122］郑晓莹，孙鲁平．陈列方式对消费者新产品评价的影响：品牌质量的调节作用［J］．管理评论，2018，30（12）：142-153．

［123］曾伏娥，陈文斌，何琼．消费者新产品采纳的特征［J］．心理科学进展，2022，30（6）：1350-1366．

［124］周小曼，叶生洪，厉佳，等．斜不胜正？品牌标识形状对消费者产品评价的影响研究［J］．外国经济与管理，2019，41（2）：84-98．

［125］朱华伟，何斌，温兴琦，李姝瑾．环境温度对新产品采用的影响：基于认知资源理论［J］．珞珈管理评论，2022，43（4）．

［126］朱华伟，苏羽，冯靖元．代言人类型和产品创新类型对创新产品购买意愿的交互影响［J］．南开管理评论，2022（6）：118-127．

［127］朱振中，李晓君，刘福，等．外观新颖性对消费者购买意愿的影响：自我建构与产品类型的调节效应［J］．心理学报，2020，52（11）：1352-1364．

［128］庄爱玲，余伟萍．道德关联品牌负面曝光事件溢出效应实证研究：事件类型与认知需求的交互作用［J］．商业经济与管理，2011（10）：

60-67.

[129] 庄爱玲, 余伟萍. 品牌负面曝光事件溢出机制研究: 消费者联想的中介作用 [J]. 华东经济管理, 2014 (9): 143-149.

[130] 庄贵军, 周南, 周连喜. 国货意识、品牌特性与消费者本土品牌偏好 [J]. 管理世界, 2006 (6): 85-94.

[131] AGARWAL S, SIKRI S. Country image: consumer evaluation of product category extensions [J]. International Marketing Review, 1996, 13 (4): 23-39.

[132] AGGARWAL P, MCGILL A L. Is that car smiling at me? Schema congruity as a basis for evaluating anthropomorphized products [J]. Journal of Consumer Research, 2007, 34 (4): 468-479.

[133] AHLUWALIA R. How far can a brand stretch? Understanding the role of self-construal [J]. Journal of Marketing Research, 2008, 45 (3): 337-350.

[134] AHLUWALIA R, BURNKRANT R, UNNAVA R. Consumer response to negative publicity: the moderating role of commitment [J]. Journal of Marketing Research, 2000, 37 (2): 203-214.

[135] AHLUWALIA R, Unnava H, Burnkrant R. The moderating role of commitment on the spillover effect of marketing communications [J]. Journal of Marketing Research, 2001, 38 (4): 458-470.

[136] ALEXANDER D L, LYNCH J G, WANG Q. As time goes by: do cold feet follow warm intentions for really new versus incrementally new products? [J]. Journal of Marketing Research, 2008, 45 (3): 307-319.

[137] ANDRIGHETTO L, MARI S, VOLPATO, et al. Reducing competitive victimhood in Kosovo: the role of extended contact and common ingroup identity [J]. Political Psychology, 2012, 33 (4): 513-529.

[138] ANDREW J, SIRKIN L. Innovating for Cash [J]. Harvard Business

Review, 2003, 81 (9): 76-83, 132.

[139] ARTS J, FRAMBACH T, BIJMOLT T. Generalizations on consumer innovation adoption: a meta-analysis on drivers of intention and behavior [J]. International Journal of Research in Marketing, 2011, 28 (2): 134-144.

[140] BAGGA K, NOSEWORTHY J, DAWAR N. Asymmetric consequences of radical innovations on category representations of competing brands [J]. Journal of Consumer Psychology, 2016, 26 (1): 29-39.

[141] BAGHI I, GABRIELLI V. The role of crisis typology and cultural belongingness in shaping consumers' negative responses towards a faulty brand [J]. Journal of Product & Brand Management, 2019, 28 (5): 653-670.

[142] BAGHI I, GABRIELLI V. The Role of Betrayal in the Response to Value and Performance Brand Crisis [J]. Marketing Letters, 2021, 32: 203-217.

[143] BALABANIS G, DIAMANTOPOULOS A, MUELLER D, et al. The impact of nationalism, patriotism and internationalism on consumer ethnocentric tendencies [J]. Journal of International Business Studies, 2001, 32 (1): 157-175.

[144] BARSALOU W. Ad hoc categories [J]. Memory and cognition, 1983, 11 (3): 211-227.

[145] BASSETT F, CONNELLY N. Terror management and reactions to undocumented immigrants: mortality salience increases aversion to culturally dissimilar others [J]. The Journal of Social Psychology, 2011, 151 (2): 117-120.

[146] BATRA R, RAMASWAMY V, ALDEN D L, et al. Effects of brand local and nonlocal origin on consumer attitudes in developing countries [J]. Journal of Consumer Psychology, 9 (2): 83-96.

[147] BAUMEISTER F, STILL A, NEWMAN S. The primacy of stories, the primacy of roles, and the polarizing effects of interpretive motives: Some propositions about narratives [J]. In R. S. Wyer & T. K. Srull (Eds.), Advances in social cognition, 1995 (8): 97-108.

[148] BECIC, MERJEMA. An assessment of consumer ethnocentrism tendencies scale among university students: the case of turkish and bosnian students [J]. Inquiry Sarajero Journal of Social Science, 2016, 2 (1): 119-130.

[149] BENOIT W L. Image repair discourse and crisis communication [J]. Public Relations Review, 1997, 23 (2): 177-186.

[150] BECKER C, WAGNER U, CHRIST O. Consequences of the 2008 financial crisis for intergroup relations: The role of perceived threat and causal attributions [J]. Group Processes & Intergroup Relations, 14 (6): 871-885.

[151] BORAH A, TELLIS J. Halo (spillover) effects in social media: do product recalls of one brand hurt or help rival brands? [J]. Journal of Marketing Research, 2016, 53 (2).

[152] BOUSH M, LOKEN B. A process-tracing study of brand extension evaluation [J]. Journal of Marketing Research, 1991, 28 (1): 16-28.

[153] BREWER B. The social self: On being the same and different at the same time [J]. Personality and Social Psychology Bulletin, 1990, 16 (5): 725-732.

[154] BURGER, JOANNA, GOCHFELD, et al. Discrimination of the threat of direct versus tangential approach to the nest by incubating herring and great black-backed gulls [J]. Journal of Comparative & Physiological Psychology, 1981, 95 (95): 676-684.

[155] CADINU M, REGGIORI C. Discrimination of a low-status outgroup: the role of ingroup threat [J]. European Journal of Social Psychology, 2002, 32 (4): 501-515.

[156] CAMPBELL E. Religious "threat" in contemporary presidential elections [J]. Journal of Politics, 2004, 68 (1): 104-115.

[157] CAPORASO M. The political economy of social research in the 1980s: A critical assessment [J]. Sociological Forum, 2001, 5 (3): 407-438.

[158] CHANDY K, TELLIS J. Organizing for radical product innovation: The overlooked role of willingness to cannibalize [J]. Journal of Marketing Research, 1998, 35 (4): 474-487.

[159] CHASTEEN L, BHATTACHARYYA S, HORHOTA M, et al. How feelings of stereotype threat influence older adults' memory performance [J]. Experimental aging research, 31 (3): 235-260.

[160] CITRIN V, SPROTT E, SILVERMAN N, et al. Adoption of internet shopping: The role of consumer innovativeness [J]. Industrial Management & Data Systems, 2000, 100 (7): 294.

[161] CLEEREN K, DEKIMPE G, HELSEN K. Weathering product-harm crises [J]. Journal of the Academy of Marketing Science, 2008, 36 (2): 262-270.

[162] CLEEREN K, DEKIMPE G, HEERDE J. Marketing research on product-harm crises: a review, managerial implications, and an agenda for future research [J]. Journal of the Academy of Marketing Science, 2017, 45 (5).

[163] CLEEREN K, HEERDE J V, DEKIMPE G. Rising from the Ashes: how brands and categories can overcome product-harm Crises [J]. Journal of Marketing, 2013, 77 (2): 58-77.

[164] CLOW A, ESSES M. Expectancy effects in social stereotyping:

automatic and controlled processing in the neely paradigm [J]. Canadian Journal of Behavioural Science, 2007, 39 (3): 161-173.

[165] COOMBS T. Attribution theory as a guide for post-crisis communication research [J]. Public Relations Review, 2007, 33 (2): 135-139.

[166] COOMBS T. An analytic framework for crisis situations: better responses from a better understanding of the situation [J]. Journal of Public Relations Research, 1998, 10 (3): 177-191.

[167] COOMBS T. Protecting organization reputations during a crisis: The development and application of situational crisis communication theory [J]. Corporate Reputation Review, 2007, 10 (3): 163-176.

[168] COOMBS T, HOLLADAY J. An extended attribution model: Integrating corporate character with situational crisis communication [J]. Journal of Business Communication, 2001, 38 (3): 265-289.

[169] CORENBLUM B, STEPHAN G. White fears and native apprehensions: An integrated threat theory approach to intergroup attitudes [J]. Canadian Journal of Behavioural Science/Revue canadienne des sciences du comportement, 2005, 33 (4): 251.

[170] CORNEILLE O, YZERBYT Y, ROGIER A, et al. Threat and the group attribution error: When threat elicits judgments of extremity and homogeneity [J]. Personality and Social Psychology Bulletin, 2007, 27 (4): 437-446.

[171] COSTARELLI S. Intergroup threat and experienced affect: The distinct roles of causal attributions, ingroup identification, and perceived legitima of intergroup status [J]. Personality & Social Psychology Bulletin, 2007, 33 (11): 1481-1491.

[172] COTTRELL A, NEUBERG L. Different emotional reactions to different groups: a sociofunctional threat-based approach to "prejudice" [J]. Journal of

personality and social psychology, 2005, 88 (5): 770.

[173] COVELLO T, PETERS G, WOJTECKI G, et al. Risk Communication, the West Nile Virus Epidemic, and Bioterrorism: Responding to the Communication Challenges Posed by the Intentional or Unintentional Release of a Pathogen in an Urban Setting [J]. Journal of Urban Health: Bulletin of the New York Academy of Medicine, 2001, 78 (2): 382-391.

[174] CREUSEN H, SCHOORMANS L. The different roles of product appearance in consumer choice [J]. Journal of Product Innovation Management, 2005, 22 (1).

[175] CUNNINGHAM E, PLATOW J. On helping lower status out-groups: The nature of the help and the stability of the intergroup status hierarchy [J]. Asian Journal of Social Psychology, 2007, 10 (4): 258-264.

[176] DAHLéN, LANGE A. A disaster is contagious: how a brand in crisis affects other brands [J]. Journal of Advertising Research, 2006, 46 (4): 388-397.

[177] DAVIS D, STEPHAN G. Electromyographic analyses of responses to intergroup threat [J]. Journal of Applied Social Psychology, 41 (1): 196-218.

[178] DAWAR N, PILLUTLA M. Impact of product-harm crises on brand equity: The moderating role of consumer expectations [J]. Journal of Marketing Research, 2000, 37 (2): 215-226.

[179] DEAN H. Consumer reaction to negative publicity: effects of corporate reputation, Response, and Responsibility for Crisis Event [J]. Journal of Business Communication, 2004, 41 (2): 192-211.

[180] DIEHL K, HERPEN E, LAMBERTON C. Organizing products with complements versus substitutes: effects on store preferences as a function of effort and assortment perceptions [J]. Journal of Retailing, 2015, 91 (1): 1-18.

[181] DURVASULA S, ANDREWS C, NETEMEYER G. A cross-cultural comparison of consumer ethnocentrism in the United States and Russia [J]. Journal of International Consumer Marketing, 2009, 9 (4): 73-93.

[182] DUTTA S, PULLIG C. Effectiveness of corporate responses to brand crises: The role of crisis type and response strategies [J]. Journal of Business Research, 2011, 64 (12): 1281-1287.

[183] EPLEY N, WAYTZ A, CACIOPPO T. On seeing human: a three-factor theory of anthropomorphism [J]. Psychological review, 2007, 114 (4): 864-886.

[184] FELDMAN M, LYNCH G. Self-generate validity and other effects of measurement on belief, attitude, intention, and behavior [J]. Journal of Applied Psychology, 1988, 73 (1): 421-435.

[185] FERRIN L, KIM H, COOPER D, et al. Silence speaks volumes: the effectiveness of reticence in comparison to apology and denial for repairing integrity and competence-based trust violations [C]. Academy of Management Best Conference Paper, 2005.

[186] FISKE T, CUDDY C, GLICK P, et al. A model of (often mixed) stereotype content: competence and warmth respectively follow from perceived status and competition [J]. Journal of Personality and Social Psychology, 2002, 82 (6): 878-902.

[187] FORéS B, CAMISóN C. Does incremental and radical innovation performance depend on different types of knowledge accumulation capabilities and organizational size? [J]. Journal of Business Research, 2016, 69 (2): 831-848.

[188] FRANSEN L, BOSMANS M, BART Y. When consumers' self is threatened: The effect of mortality salience on the regulation of self-worth by

materialism [J]. Journal of Applied Social Psychology, 2019, 38 (7): 1745-1766.

[189] FRIESE M, HOFMANN W. When impulses take over: moderated effects of trait impulsivity on affect as a source of self-control [J]. Personality and Social Psychology Bulletin, 2012, 34 (6): 828-840.

[190] GAO H, ZHANG H, ZHANG X, et al. Spillover of distrust from domestic to imported brands in a crisis - sensitized market [J]. Journal of International Marketing, 2015, 23 (1): 91-112.

[191] GIERL H, HUETTL V. A closer look at similarity: the effects of perceived similarity & conjunctive cues on brand extension evaluation [J]. International Journal of Research in Marketing, 2011, 28 (2): 1-15.

[192] GINEIKIENE J, PUNDZIENE A. Psychological ownership and consumer preference for local brands [J]. Journal of Consumer Behavior, 2014, 16 (2): 123-134.

[193] GOINS S, GRUCA S. Understanding competitive and contagion effects of layoff announcements [J]. Corporate Reputation Review, 2008, 11 (1): 12-34.

[194] GRIFFIN M, BABIN J, ATTAWAY S. An empirical investigation of the impact of negative public publicity on consumer attitudes and intentions [J]. Advances in Consumer Research, 1991 (18): 334-341.

[195] HALEVY N, CHOU Y, ROH H, et al. Social distance decreases intergroup anxiety and increases perceived outgroup variability [J]. Journal of Experimental Social Psychology, 2015, 46 (2): 247-252.

[196] HARMELING M, MAGNUSSON P, SINGH N. Beyond anger: a deeper look at consumer animosity [J]. Journal of International Business Studies, 2015, 46 (6): 676-693.

[197] HARMON-JONES, GREENBERG J, SOLOMON S, et al. The effects of mortality salience on intergroup bias between minimal groups [J]. European Journal Of Social Psychology. 1996, 26 (4): 677-681.

[198] HARDELL-ILLGEN M. Crisis communication via social media: the interplay of sender, crisis type and brand type [J]. Twente: University of Twente, 2015: 1-69.

[199] HARING S, SILVERA D, TAKAHASHI T, et al. How people perceive different robot types: a direct comparison of an android, humanoid, and non-biomimetic robot [C]. International Conference on Knowledge & Smart Technology. IEEE, 2016.

[200] HAYES F. Introduction to mediation, moderation, and conditional process analysis: a regression-based approach [M]. New York: The Guillford Press, 2013.

[201] HEERDE V, HELSEN K, DEKIMPE H. The impact of a product-harm crisis on marketing effectiveness [J]. Marketing Science, 2007, 26 (2): 230-245.

[202] HEGNER M, BELDAD D, HULZINK R. An experimental study into the effects of self-disclosure and crisis type on brand evaluations: the mediating effect of blame attributions [J]. Journal of Product &Brand Management, 2018, 27 (5): 534-544.

[203] HEIDENREICH S, KRAEMER T. Innovations – doomed to fail? investigating strategies to overcome passive innovation resistance [J]. Journal of Product Innovation Management, 2016, 33 (3).

[204] HENARD H, SZYMANSKI M. Why some new products are more successful than others [J]. Journal of Marketing Research, 2001, 38 (3).

[205] HENDERSON M, CLARK B. Architectural innovation: the reconfiguration

of existing product technologies and the failure of established firms [J]. Administrative Science Quarterly, 1990, 35 (1): 9-30.

[206] HERZENSTEIN, POSAVAC, BRAKUS J. Adoption of new and really new products: the effects of self-regulation systems and risk salience [J]. Journal of Marketing Research, 2007, 44 (2).

[207] HODSON, CHOMA, BOISVERT, et al. The role of intergroup disgust in predicting negative outgroup evaluations [J]. Journal of Experimental Social Psychology, 2016, 49 (2): 195-205.

[208] HOEFFLER, STEVE. Conceptualizing newness and positioning really new Products [J]. Advances in Consumer Research, 2002: 267.

[209] HOEFFLER S. Measuring preferences for really new products [J]. Journal of Marketing Research, 2003, 40 (4): 406-420.

[210] JACKSON, ESSES M. Effects of perceived economic competition on people's willingness to help empower immigrants [J]. Group Processes & Intergroup Relations, 2005, 3 (4): 419-438.

[211] JANAKIRAMAN, SISMEIRO, DUTTA. Perception spillovers across competing brands: a disaggregate model of how and when [J]. Journal of Marketing Research, 2009, 46 (4): 467-481.

[212] JENSEN. Coming of Age in a multicultural world: globalization and adolescent cultural identity formation [J]. Applied Developmental Science, 2003, 7 (3): 188-195.

[213] JENSSEN. Coming of age in a multicultural world: globalization and adolescent cultural identity formation [J]. Applied Developmental Science, 2003, 7 (2): 188-195.

[214] JHANG, GRANT, CAMPBELL C. Get it?? got it. good! enhancing new product acceptance by facilitating resolution of extreme incongruity [J].

Journal of Marketing Research, 2012, 49 (2): 247-259.

[215] KAHNEMAN, FREDERICK. Representativeness revisited: attribute substitution in intuitive judgment [J]. Cambridge: New York & Melbourne, 2002.

[216] KAMANS, OTTEN, GORDIJN H. Power and threat intergroup conflict: how emotional and behavioral responses depend on amount and content of threat [J]. Group Processes & Intergroup Relations, 2009 (14): 293-310.

[217] KEIL. Concepts, kinds, and cognitive development [M]. Cambridge: The MIT Press, 1992.

[218] KEH, WANG, YAN. Gimmicky or effective? the effects of imaginative displays on customers' purchase behavior [J]. Journal of Marketing, 2021, 85 (5): 109-127.

[219] KIM, KUMAR, KUMAR. Relationship between quality management practices and innovation [J]. 2012, 30 (4): 295-315.

[220] KIM, CHOI. Congruence effects in post-crisis CSR communication: the mediating role of attribution of corporate motives [J]. Journal of Business Ethics, 2018, 153 (2).

[221] KIM, MCGILL. Minions for the rich? financial status changes how consumers see products with anthropomorphic features [J]. Journal of Consumer Research, 2018, 45 (2): 429-450.

[222] KLEIN, DAWAR. Corporate social responsibility and consumers' attributions and brand evaluations in a product-harm crisis [J]. International Journal of Research in Marketing, 2004, 21 (3): 203-217.

[223] KLEIN, ETTENSON, MORRIS M. The animosity model of foreign product purchase: an empirical test in the People's Republic of China [J]. Journal of Marketing. 1998: 62-89.

[224] KOBERG, DETIENNE, HEPPARD. An empirical test of environmental, organizational, and process factors affecting incremental and radical innovation [J]. Journal of High Technology Management Research, 2003, 14 (1): 21.

[225] LAROCHE, PAPADOPOULOS, HESLOP, et al. The influence of country image structure on consumer evaluations of foreign products [J]. International Marketing Review, 2005, 22 (1): 96-115.

[226] LAUFER. Are antecedents of consumer dissatisfaction and consumer attributions for product failures universal?[J]. Advances in Consumer Research, 2002 (29): 312-317.

[227] LAUFER, GILLESPIE. Differences in consumer attributions of blame between men and women: the role of perceived vulnerability and empathic concern [J]. Psychology and Marketing, 2004, 21 (2): 141-157.

[228] LAUFER, GILLESPIE, SILVERA. The Role of country of manufacture in consumers' attributions of blame in an ambiguous product-harm crisis [J]. Journal of International Consumer Marketing, 2009, 21 (3): 189-201.

[229] LAMBERTON, DIEHL. Retail choice architecture: the effects of benefit- and attribute-based assortment organization on consumer perceptions and choice [J]. Journal of Consumer Research, 2013, 40 (3): 393-411.

[230] LEI, DAWAR, LEMMINK J. Negative spillover in brand portfolios: exploring the antecedents of asymmetric effects [J]. Journal of Marketing, 2008, 72 (3): 111-123.

[231] LIAO H. Do IT right this time: the role of employee service recovery performance in customer-perceived justice and customer loyalty after service failures [J]. Journal of Applied Psychology, 2007, 92 (2): 75-489.

[232] LIEBKIND, NYSTRöM, HONKANUMMI E, et al. Group size, group status and dimensions of contact as predictors of intergroup attitudes [J]. Group

Processes & Intergroup Relations, 2010, 7 (2): 145-159.

[233] LIU H. When cultural worldviews are threatened: the effects of mortality salience on consumer behavior [J]. Journal of International Business Studies, 2009, 41 (7): 1156-1168.

[234] LIU X, LISCHKA M, KENNING P. Asymmetric cognitive, emotional and behavioural effects of values-related and performance-related negative brand publicity [J]. Journal of Product & Brand Management, 2018, 27 (2): 128-145.

[235] LIU H, SMEESTER D. Branding in a globalized world: a social identity perspective [J]. Journal of International Business Studies, 2010, 41 (3): 381-396.

[236] LOEWENSTEIN F, HOCH J. Time inconsistent preferences and consumer self-control [J]. Journal of Consumer Research, 1991, 17 (3): 492-507.

[237] LOKEN B, JOHN R. Diluting brand beliefs: when do brand extensions have a negative impact?[J]. Journal of Marketing, 1993, 57 (3): 71-84.

[238] MA Z, GILL T, JIANG Y. Core versus peripheral innovations: the effect of innovation locus on consumer adoption of new products [J]. Journal of Marketing Research, 2015, 52 (3): 309-324.

[239] MA Z, YANG Z, MOURALI M. Consumer adoption of new products: independent versus interdependent self-perspectives [J]. Journal of Marketing, 2014, 78 (2).

[240] MACKIE M, SMITH E. Intergroup relations: insights from a theoretically integrative approach [J]. Psychological Review, 1998, 105 (4): 499-529.

[241] MAGNUSSON P, KRISHNAN V, WESTJOHN A, et, al. The

spillover effects of prototype brand transgressions on country image and related brands [J]. Journal of International Marketing, 2014, 22 (1): 21-38.

[242] MAHER A, SINGHAPAKDI A. The effect of the moral failure of a foreign brand on competing brands [J]. European Journal of Marketing, 2017, 51 (5/6): 903-922.

[243] MALLETT K, WILSON D. Increasing positive intergroup contact [J]. Journal of Experimental Social Psychology, 2019, 46 (2): 382-387.

[244] MARTIN M, EROGLU S. Measuring a multi-dimensional construct: country image [J]. Journal of Business Research, 1993, 28 (3): 191-210.

[245] MIKULINCER M, FLORIAN V, HIRSCHBERGER G. The existential function of close relationships: introducing death into the science of love [J]. Personality & Social Psychology Review An Official Journal of the Society for Personality & Social Psychology Inc, 2003, 7 (1): 20.

[246] MUGGE R, DAHL W. Seeking the ideal level of design newness: consumer response to radical and incremental product design [J]. Journal of Product Innovation Management, 2013, 30 (S1).

[247] MUGGE R, DAHL W, SCHOORMANS L. "What you see, is what you get?" guidelines for influencing consumers' perceptions of consumer durables through product appearance [J]. Journal of Product Development Management, 2018, 35 (3).

[248] MUSSWEILER T. Comparison processes in social judgment: mechanisms and consequences [J]. Psychological Review, 2003, 110 (3): 472-489.

[249] NELSON D. Handbook of prejudice, stereotyping, and discrimination [M]. NewYork: Psychology Press, 2009.

[250] NIELSEN H, ESCALAS E, HOEFFLER S. Mental simulation and category knowledge affect really new product evaluation through transportation

[J]. Journal of Experimental Psychology Applied, 2018, 24 (2).

[251] NOSEWORTHY, TRUDEL R. Looks interesting, but what does it do? evaluation of incongruent product form depends on positioning [J]. Journal of Marketing Research, 2011, 48 (6): 1008-1019.

[252] OZER M, ZHANG W. The effects of geographic and network ties on exploitative and exploratory product innovation [J]. Strategic Management Journal, 2015, 36 (7): 1105-1114.

[253] PAOLINI S, HEWSTONE M, CAIRNS E, et al. Effects of direct and indirect cross-group friendships on judgments of Catholics and Protestants in Northern Ireland: The mediating role of an anxiety-reduction mechanism [J]. Personality and Social Psychology Bulletin, 2019 (30): 770-786.

[254] PARAMESWARAN R, PISHARODI M. Assimilation effects in country image research [J]. International Marketing Review, 2002, 19 (5): 496-514.

[255] PAUKETAT V, MACKIE M, TAUSCH N. Group-based meta-emotion and emotion responses to intergroup threat [J]. British Journal of Social Psychology, 2020, 59 (2): 494-521.

[256] PETTIGREW F. The ultimate attribution error: extending allport's cognitive analysis of prejudice [J]. Personality and Social Psychology Bulletin, 1979, 5 (4): 461-476.

[257] PETTIGREW F, TROPP R. A meta-analytic test of intergroup contact theory [J]. Journal of Personality and Social Psychology, 2006, 90 (5): 751-783.

[258] PETTIGREW F, TROPP R. How does intergroup contact reduce prejudice? meta-analytic tests of three mediators [J]. European Journal of Social Psychology, 38 (6): 922-934.

[259] PULIG, CHIRIS, RICHARD G, et al. Attitude basis, certainty, and challenge alignment: A case of negative brand publicity [J]. Academy of Marketing Science Journal, 2006. 34 (3): 528-542.

[260] PUZAKOVA, MARINA, HYOKJIN, et al. When humanizing brands goes wrong: the detrimental effect of brand anthropomorphization amid product wrongdoings [J]. Journal of Marketing, 2013, 77 (3): 81-100.

[261] RHEE M, HAUNSCHILD R. The liability of a good reputation: a study of the Korean financial crisis [J]. Organization Science, 2006, 17 (2): 145-160.

[262] RIEK. M. Intergroup threat and outgroup attitudes: the role of perceived group variability [J]. Journal of Social Psychology, 146 (5): 485-501.

[263] RIEK M, MANIA W, GAERTNER. L. Intergroup threat and outgroup attitudes: A meta-analytic review [J]. Personality and Social Psychology Review, 2013, 10 (4): 336-353.

[264] RINDOVA P, PETKOVA. P. When is a new thing a good thing? technological change, product form design, & perceptions of value for product innovations [J]. Organization Science, 2007, 18 (2): 217-232.

[265] ROEHM L, TYBOUT M. When will a brand scandal spill over, and how should competitors respond? [J]. Journal of Marketing Research, 2006, 43 (3): 366-373.

[266] ROGERS M. Diffusion of innovations [M]. New York: The Free Press, 1995.

[267] ROGGEVEEN L, GREWAL, SCHWEIGER B, et al. The dast framework for retail atmospherics: the impact of in-and out-of-store retail journey touchpoints on the customer experience [J]. Journal of Retailing, 2020, 96 (1): 128-137.

[268] ROSENBLATT A, GREENBERG J, SOLOMON S, et al. Evidence for terror management theory: I. The effects of mortality salience on reactions to those who violate or uphold cultural values [J]. Journal of Personality and Social Psychology, 1989, 57 (4): 681-690.

[269] RUBERA G. Design innovativeness and product sales' evolution [J]. Marketing Science, 2014, 34 (1).

[270] SHAMIR M, SCHIFTER T. Conflict, identity, and tolerance: israel in the al-aqsa intifada [J]. Political Psychology, 2006, 27 (4): 569-595.

[271] SHIFFRIN M, SCHNEIDER E. Controlled and automatic human information processing: I. detection, search, and attention [J]. Psychological Review, 84 (2): 1-66.

[272] SHIMP, TERENCE, SUBHASH. Consumer ethocentrism: construction and validation of the cetscale [J]. Journal of Marketing Research, 1987, 8 (27): 280-289.

[273] SHIV B, FEDORIKHIN A. Heart and mind in conflict: the interplay of affect and cognition in consumer decision making [J]. Journal of Consumer Research, 1999, 26 (3): 278-292.

[274] SINHA J, LU F. "I" value justice, but "we" value relationships: Self-construal effects on post-transgression consumer forgiveness [J]. Journal of Consumer Psychology, 2016, 26 (2): 265-274.

[275] SIOMKOS J, KURZBARD G. The hidden crisis in product-harm crisis management [J]. European Journal of Marketing, 1994, 28 (2): 30-41.

[276] SIOMKOS G, TRIANTAFILLIDOU, VASSILIKOPOULOU, et al. Opportunities and threats for competitors in product-harm crises [J]. Marketing Intelligence and Planning, 2010, 28 (6): 770-791.

[277] SMITH L. Media strategies in product liability crises [J]. Of

Counsel, 2003, 22 (9): 6-11.

[278] SOLOMON S, GREENBERG J, PYSZCZYNSKI T. A terror management theory of social behavior: the psychological functions of self-esteem and cultural worldviews [J]. Advances in Experimental Sdial Psychology, 1991 (24): 93-159.

[279] SONG M, MONTOYA M. Critical development activities for really new versus incremental products [J]. Journal of Product Innovation Management, 1998, 15 (2).

[280] STEPHAN G, STEPHAN W. An integrated threat theory of prejudice. reducing prejudice and discrimination [M]. New York: Erlbaum: 23-45.

[281] STEPHAN G, YBARRA O, MORRISON R. intergroup threat theory. handbook of prejudice, stereotyping, and discrimination [M]. New York: Psychology Press: 43-59.

[282] STEPHAN G, RENFRO L. The role of threat in intergroup relations [J]. From prejudice to intergroup emotions: differentiated reactions to social groups, 2002 (3): 191-207.

[283] SUNDAR, NOSEWORTHY. Place the logo high or low? using conceptual metaphors of power in packaging design [J]. Journal of Marketing, 2014, 78 (5): 138-151.

[284] TALKE, MÜLLER, WIERINGA. A matter of perspective: design newness and its performance effects [J]. International Journal of Research in Marketing, 2017, 34 (2).

[285] TALKE, SALOMO, WIERINGA, et al. What about design newness? investigating the relevance of a neglected dimension of product innovativeness [J]. Journal of Product Innovation Management, 2009, 26 (6).

[286] TAM P, LEE L, CHAO M. Saving mr. nature: anthropomorphism enhances connectedness to and protectiveness toward nature [J]. Journal of Experimental Social Psychology, 2013, 49 (3): 514-521.

[287] TAM T, CAIRNS E, MAIO G, et al. The impact of intergroup emotions on forgiveness in Northern Ireland [J]. Group Processes & Intergroup Relations, 2014, 10 (1): 119-135.

[288] TAJFEL H. Social categorization and intergroup behaviour [J]. European Journal of Social Psychology, 1971, 1 (2): 149-178.

[289] TAJFEL H, TURNER C. An integrative theory of intergroup relations [J]. Psychology of Intergroup Relations, 1986 (9): 7-24.

[290] TRIANDIS C. The self and social behavior in differing cultural contexts [J]. Psychological review, 1996 (3): 506.

[291] Troye V, SUPPHELLEN M. Consumer participation in coproduction: "I made it myself" effects on consumers' sensory perceptions and evaluations of outcome and input product [J]. Journal of Marketing, 2012, 521 (2): 33-46.

[292] TVERSKY A. "Features of similarity" [J]. Psychological Review, 1997, 84 (4): 327-352.

[293] VAES, WICKLUND A. General threat leading to defensive reactions: a field experiment on linguistic features [J]. British Journal of Social Psychology, 2002, 41 (2): 271-280.

[294] HEERDE H, HELSEN K, DEKIMPE G. The impact of a product-harm crisis on marketing effectiveness [J]. Marketing Science, 2007, 26 (2): 230-245.

[295] VAES J, WICKLUND R A. General threat leading to defensive reactions: a field experiment on linguistic features [J]. British Journal of Social Psychology, 2002, 41 (2): 271-280.

[296] VASSILIKOPOULOU A, SIOMKOS G, CHATZIPANAGIOTOU K, et al. Product-harm crisis management: time heals all wounds?[J]. Journal of Retailing & Consumer Services, 2009, 16 (3): 174-180.

[297] VERLEGH. J. Home country bias in product evaluation: the complementary roles of economic and socio-psychological motives [J]. Journal of International Business Studies, 2007 (38): 361-373.

[298] VERLEGH W, STEENKAMP E. A review and meta-analysis of country-of-origin research [J]. Journal of Economic Psychology, 1998, 20 (5): 521-546.

[299] VOTOLA L, UNNAVA R. Spillover of negative information on brand alliances [J]. Journal of Consumer Psychology, 2006, 16 (2): 196-202.

[300] WALTER T, JANSEN E, STEG L. The role of perceived threat in the acceptance of energy policies[J]. Journal of Environmental Psychology, 2009, 29 (4): 520-525.

[301] WANG I, CHEN X. Consumer Ethnocentrism and willingness to buy domestic products in a developing country setting: testing moderating effects [J]. Journal of Consumer Marketing, 2004, 21 (6): 391-400.

[302] WEINER B. An attributional theory of achievement motivation and emotion [J]. Psychological Review, 1985, 92 (4): 548-573.

[303] WEINER B. An attributional theory of motivation and emotion [M]. New York: Springer Verlag, 1986.

[304] WHITE C L. Brands and national image: an exploration of inverse country-of-origin effect [J]. Place Branding and Public Diplomacy, 2012, 8 (2): 110-118.

[305] WITKOWSKI H. Consumer ethnocentrism in two emerging markets: Determinants and predictive validity [J]. Advances in Consumer Research,

2011 (25): 258-263.

[306] WOJCISZKE B, BRYCZ H, BORKENAU P. Effects of information content and evaluative extremity on positivity and negativity biases [J]. Journal of Personality and Social Psycholog, 1993, 64 (2): 327-335.

[307] WU X, CHOI J, PARK H. "I" see Samsung, but "we" see Samsung and LG: the moderating role of consumers' self-construals and perceived similarity in spillover effect of product-harm crisis [J]. International Journal of Market Research, 2020, 62 (1).

[308] XIE C, BAGOZZI P, GRONHAUG K. The role of moral emotions and individual differences in consumer responses to corporate green and non-green actions [J]. Journal of the Academy of Marketing Science, 2015, 43 (3): 333-356.

[309] XIE Y, PENG. How to repair customer trust after negative publicity: the role of competence, integrity, benevolence, and forgiveness [J]. Psychology and Marketing, 2009, 26 (7): 572-589.

[310] YOO B, DONTHU N. The effect of personal cultural orientation on consumer ethnocentrism: evaluations and behaviors of u.s. consumers toward japanese products [J]. Journal of International Consumer Marketing, 2005, 18 (1/2): 7-44.

[311] YU H, GUCHAIT P, ACHYLDURDYYEVA et al. A multilevel investigation of the leadership factors on food safety promotive and prohibitive voices through food safety consciousness [J]. Journal of Hospitality and Tourism Management, 2021 (47): 343-352.

[312] ZARATE A, GARCIA B, GARZA, et al. Cultural threat and perceived realistic group conflict as dual predictors of prejudice [J]. Journal of Experimental Social Psychology, 2014 (1): 99-105.

[313] ZHANG J, YANG X. Stylistic properties and regulatory fit: examining the role of self-regulatory focus in the effectiveness of an actor's vs. observer's visual perspective [J]. Journal of Consumer Psychology, 2015, 25 (3): 449-458.

[314] ZHANG Y, KHARE A. The impact of cultural orientation on consumer responses to normative and descriptive social influences [J]. Journal of Marketing Research, 2017, 46 (5): 556-568.

[315] ZHAO M, HOEFFLER S, DAHL W. The role of imagination-focused visualization on new product evaluation [J]. Journal of Marketing Research, 2009, 46 (1): 35.